JN239536

子どもは「育ちなおし」の名人！2

不登校の「心の傷」が癒えるとは

広木克行

清風堂書店

はじめに

本書は、最近数年の間に行ってきた講演の記録に若干の修正を施し、プロローグとエピローグを書き加えて一冊にまとめたものです。

本書をまとめ始めた直接の動機は、二〇二二年度の不登校が約三〇万人に達し、更に低年齢化している事実を知ったことでした。しかも最新のデータでは、二〇二三年度の不登校が三四・六万人へと更に増加しています。国連は、日本の子どもの不登校やいじめが増加する要因は、過度な競争を強いる教育システムと子どものメンタルヘルスへの関心の低さにあるとして、その改善を勧告しています。にもかかわらず毎年四~五万人ずつの増加です。子どもの学ぶ権利の保障という文科省の憲法的義務の不作為が問われる事態です。

不登校とは、幼少期の子どもから遊びと育ちを奪う中学受験など、過度な学力競争と「よい子」競争によって心が傷ついた子どもの姿です。また不登校が大量に増え続ける主な要因は、心身の不調を訴えても適切な理解とケアが受けられず「心の傷」に至る子どもが多い点にあります。一方でわが子が不登校の渦中にある親たちは、苦悩を抱えながらも学び合ってわが子を支えています。こうした現状の一端を知って頂く為にこの本を世に送ります。

目次

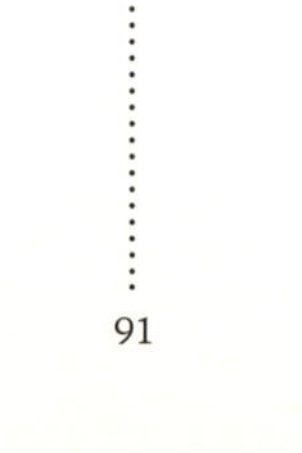

プロローグ

「心の傷」という視点から見えるもの

(1) 激増する不登校(心の傷)と相談内容の変化が意味すること

コロナ禍という大災害の四年目にあたる二〇二二年度に、不登校の小中学生が約三十万人になりました。前年度から六万人(二二%)の増加、四年前の二〇一九年度からは約十二万人(六七%)の激増です。なぜ激増したのか。その訳と背景を不登校の相談会に参加した小学生と親たちの言葉から探ってみます。

コロナ禍の当初、不登校の子どもたちからは「コロナがこわい」というコロナへの感染と死をイメージした声が聞かれ、さらにゆとりを失って指導する教師たちの命令的な口調に対しては「学校がこわい」という恐怖感を表した声もありました。しかしそれから約二年が過ぎた二〇二一年頃には、「気持ちを無視する学校がいや」とか「心を壊す学校が怖い」という言葉が聞かれ、子どもの声を無視し強引な管理を行いながら、いじめを訴えても対応できない教師への拒否的感情を表す声が聞かれるようになりました。親たちの間ではコロナ禍への効果的な対応が遅れた公立学校への批判とイラ立ちの声が強まり、私立中学への受験者数が急増したことの影響もその声には含まれているように思われました。

　二〇二三年の夏以降、最近の不登校に関する相談のケースを振り返ってみると、コロナ以前とは大分違う傾向が現れていることに気づきます。一つ目は、中学受験競争の結果と入学後に体験した予想以上の学習ストレスに関わる不登校の相談。二つ目は幼児期からの過剰学習と管理型保育の影響による人間関係体験の貧困、およびそれに関連したと思われる小学校低学年における人間関係のトラブルと子どもの多動化による不登校の相談。そして三つ目は、いま子どもが不登校になっている訳ではないが、わが子もいつか不登校になり得るという〈迫り来る不登校への不安〉ともいえる相談、などの傾向です。

　第一と第二の相談については本論の第1章以下で事例を交えて少し詳しく取り上げますので、ここでは第三の〈迫り来る不登校への不安〉という極めて新しいケースについて、やや具体的に紹介しておきたいと思います。というのはその第三の相談とその背景には、コロナ禍が炙り出した不登校と不登校問題の本質が現れているように感じられるからです。

　コロナ禍が小康状態になった最近、首都圏で行ったある子育て講演会でのことです。講演終了後の質疑の場面で小学生の子どもがいる一人の母親が次のような質問をしてくれました。以下はその要旨です。

「私の身近でも不登校のお子さんが増えています。親しい友だちの話を聞いていると明日はわが子がそうなってもおかしくないと感じています。現在、わが家は共働きですが、子どもが不登校になった場合親は仕事を休んで家に一緒に居てあげた方が良いのでしょうか。でも考えていると自分がその状況に耐えられるかどうかわかりません。もしもそうなった場合、私は子どもを無理にでも学校に行くように声をかけ、手をかけてしまいそうで不安です。そんな時でも、親はドンと構えていられるものなのでしょうか……」

この質問は、いま起きていることについての悩みや恐れに関するものではなく、まだ起きていないけれど近い将来に起こるかもしれないことについての不安という点に特徴があります。しかもその不安には不登校についての常識的な捉え方、つまり長期の欠席と自宅へのひきこもりが続き、それによる勉強の遅れが生じ子どもの将来にとってマイナスになるというイメージが強く作用しているように思われました。

さらにそのイメージから推測される不安は、長期にわたる子どもの在宅とそれによる自分自身の仕事やキャリアへの影響という懸念によってもかなり強められています。しかもそのイメージと懸念による不安の振幅は大きく、万が一子どもが不登校になったら母親としてしっかり受け止めたいと思っている一方で、自分のその気持ちがあまり長く続かず、子どもにプレッシャーを掛けてしまいそうな、抗し難い気持ちの変化への恐れと予感も表れていると思われました。

相談内容からわかるそのような特徴と同時に、母親の話を聞きながら考えざるを得なかったのは、このような質問が出されるようになった背景についてでした。というのはその頃マスコミの報道が伝えていた、不登校三十万人に激増という情報のインパクトが非常に大きなものだと思われたからです。そこで報道された数字をさらによく見てみると、中学生では一クラスで二~三人となりますが、大人への依存度が高い小学生の場合でも二クラスで一~二人もの不登校の子どもがいる計算になっていたのです。

つまり近所の人たちや親戚との会話の中に不登校の子どもの事例が頻繁に登場してもおかしくないほどに、不登校が身近なあるいは子育て中の親すべての問題になってきていると思われました。またこの質問には、公立学校の教育の在り方についての疑問や不安という形で公教育への不安と不信とともに、子どもが不登校で一旦立ち止まると、それだけで家族の皆の生活が脅かされるという、現代の日本社会が抱える家族の脆弱性への恐怖にも似た想いも込められていると改めて感じたのです。

⑵ 不登校の本質から親の位置と役割を考える

そこで私は、「もしもわが子が不登校になったらという仮定を立てたときに考えられる諸問題」について話すことにしました。それは不登校の子どもの実像をまだ見たことがない親たちが、話し合いながら共通して抱く不登校イメージが、先に書いた「長欠」と「学びの遅れ」そして「将来的自立へのマイナス」という、文科省の文書に登場する表現と同質の否定的なものばかりだと思われたからです。

そこでまず第一に話したのは、もしも子どもが不登校になった場合家族の生活そのものが大きく揺さぶられるために、事前にいくら学んでいた人であっても親であるならば混乱は避けがたいこと。そこで自分の気持ちを落ち着かせるためには親たちの繋がりが大切であり、不登校の場合は不登校の子を持つ「親の会」（ピアグループ）を探して参加することの重要性を強調しました。

さらにできればその親の会に可能な範囲で夫婦で一緒に参加してみることを付け加えま

した。お互いの言動の「非」を指摘し合うのではなく、親の会で聴いた苦悩の体験を参考にしながら違いは違いのままで聴き合い、夫婦がお互いの想いを語り合うことができるとき、その関係づくりこそ親が家庭でできる最大の子ども支援になることを学ぶためです。

そして第二に話したのは、不登校の本質について知ることの大切さです。不登校とは、学校や家庭あるいは社会の有害要因（ストレッサー）に晒されてできる「心の傷」による苦痛の表れであり、その苦痛に耐えかねて「心の傷」を癒すために、今日の社会において は最後の拠り所である家庭に助けを求めている状態だということです。この不登校の本質が理解できると、どの親も欠席や学びの遅れよりも子どもの状態が示す苦しみに関心が向き、子どもを次第に優しく受け入れることができるようになるからです。

日本においても半世紀以上前の社会には、たとえ「心の傷」ができたとしてもその傷が深まらぬうちに癒しを得られる子どもの「逃げ場」が幾つもありました。子どもの心や生活について詳しい漫画家で手塚治虫氏の弟子であった石坂啓氏は、四つの逃げ場があったと記しています。（『学校に行かなければ死なずにすんだ子ども』幻冬舎）

まず一つ目は、空き地や広場や裏庭や露地など、そこにいる誰かと勝手に遊んでいても叱られない「空間としての逃げ場」です。

二つ目に、宿題や勉強などのチェックをするような大人からの監視を受けず、干渉もされずに過ごすことができる「時間としての逃げ場」です。

三つ目に、学校や塾の先生あるいは親以外の大人、つまり評価の眼差しで見つめることのない大人で、祖母や叔母あるいは八百屋さんやお菓子屋さんなど色々な仕事をしている人であり、話に耳を傾けてくれる「別の大人という逃げ場」です。

そして四つ目に、学力一辺倒でなく勉強以外の様々な能力や知恵について考える自分の中の空白という「自分の心の中の逃げ場」です。

石坂氏は、「今日の子どもたちにはこの逃げ場がなく、学校（と家庭と社会）は（学力という）単一の価値観を一方的に押し付けてくる」ので、ものすごいストレスがかかる子どもがたくさんいる。「大人たちは、最近の子どもはガマンが足りないとか簡単に言ってのけますが、私にしてみれば『よくガマンをしているなー』と思います」と述べているのです。

そして第三に話したのは、命がけで助けを求めて不登校を始めた子どもにとって大切なのは、助言でも励ましでもなく「心の傷」を癒すケアという関わりだということです。なぜ「命がけ」という言葉を使うのかと言えば、子どもは本来親に甘えることで自分が愛されていることを確かめずにはいられない生き物ですが、同時に親に心配や迷惑を掛けて嫌われたくないと思って生きている存在だからです。相談員としての私は、なかなか会えずようやく話を聴くことができた子どもから、「死にたいと思ったことがある」という言葉を聴いたことが何回もあるのです。

その子どもたちが親に助けを求めざるを得ず、心配を掛け続けて申し訳ないと思っている時、ただでさえ敏感な「心の傷」は非常に過敏な状態になっています。ですから不登校状態の子どもに対する助言や励ましは苦しみへの無理解を現わしているだけでなく、「親に心配を掛けている今の状態のままではダメだ」という全否定的な意味を帯びて子どもの心に伝わり、苦しみを強めてしまうのです。

それ故に大切なのがケアという関わりです。それには不登校の子どもの言葉や状態のすべてに対して一切の評価とその原因探しを保留し、言動の全てを子どもからのシグナルとして丸ごと受け止めることです。それは決して簡単なことではありませんが、多くの親たちが苦しみの中で試行錯誤をしながら気づき、学びとった考え方や方法があります（その方法と内容は第1章と第3章で詳しく述べることにします）。

それに続けて第四に話したのは、学校との関係です。通常、わが子が不登校になった親にとって自分と子どもの苦しみについて最初に相談するのは担任の教師です。

その際保護者である親にとって大切なのは、自分の気持ちと子どもの様子をできる範囲で担任の教師に伝え続けることです。ただし毎朝の欠席報告など学校主導のルールは、親の迷いと不安を強め、子どもとの関係を崩すキッカケになり易いですから、自分の気持ちが落ち着いて報告できる時に短時間で連絡することを教師に伝え、了承して貰うことが必要になります。それは子どもと親の状況という最も重要な情報を学校と共有し、理解と協力を求める親の姿勢としてとても大切なことなのです。

⑶最近の相談と「心の傷」の視点から見えること

最近の相談の傾向と不登校の理解のポイントについてその一端を見てきましたが、〈迫り来る不登校への不安〉を抱えながら子育てをする若い親たちの話を聴きながら強く感じたことがあります。それはコロナ禍とそれに対する政府の対応を経験する中で、公教育への信頼の低下ともいえる親たちの気持ちの変化が起きていることと、それと併せて不登校が激増し約三十万人にもなったという情報による衝撃が引き起こした大きな変化です。三〇年ほど前になりますが、文科省がかつて不登校は「誰にでも起こり得る」と公言したときには、多くの親にとって不登校はまだ他人事でした。しかし現在は「うちの子にも起こり得る」問題として意識されるようになり、ほとんどの親にとって身近な問題になりつつあるのではないか、と考えられるほどに変わってきました。

その実感は、私が子育て講演会で「不登校は『心の傷』の表れ」と話したときの、親たちの肯定的な反応にも現れていると思います。なぜならコロナ以前であれば、例えば「昔はもっと厳しい指導も体罰もあったが、子どもたちはそれに耐え、頑張って成長してきた」とか「甘やかされ、楽をして育ったために最近の子どもはひ弱で頑張りが足りない。小さい頃からもっと厳しく育てるべきだ」などという感想が幾つかは出されたのではないかと思うからです。ですからコロナ禍以前には、多くの親たちは不登校に大きな関心を持ちながらも、それは弱さのある子どもの個人的な問題と捉えたり、子育てに問題がある特定の家庭の問題と考えたりする傾向が強く、やはり他人事として受け止める傾向が強かったのではないかと思います。

しかし最近の反応はそれとは明らかに違ってきています。不登校という子どもの状態は

「心の傷」（トラウマ）の表れであると話し、それは心理社会的ストレッサーという外部要因との関係によって負わされた可能性が高いもので、誰にでも起こり得ることだと説明するのですが、そうすると聴いておられる皆さんは、追い立てるような子育てをしてしまう自分自身の迷いや不安に重ね合わせて、話の意味を受け止めていると感じられるのです。

つまり子どもにとって最大の生育環境である学校が、専ら学力競争とよい子競争の場になっていることに疑問を感じている親たちが増え、子どもが一見元気そうで、家庭に大きな問題がなくても「わが家にも不登校は起こり得る」という認識が共有されつつあるのだと思います。親としての生き方や子育ての心構えが常に問われていることに悩みながらわが子を見ている親にとって、不登校が「自分ごと」の一部になりつつあるのだと思います。その意味でコロナ禍は、コロナへの感染と生活の破綻から子どもと自分を守るための困難だけではなく、コロナ禍が炙り出した公教育の変質という、子どもの育ちをめぐる環境の変化の深刻さに気づかされた日々でもあったと言えるのではないでしょうか。

因みに文科省はこれまで毎年度、不登校の児童生徒数を公表するとき、その背景・要因として本人の個人的要因と家庭的要因を強調し、学校と教育の在り方についてはほとんど触れることがありませんでした。しかし不登校になった子どもたちが訴えている不登校の

「きっかけ」は、教師の怖さや学校への不信が圧倒的に多くなっています。いじめる友だちの怖さもありますが、それ以上に子どもが傷ついているのは、やっと言えた被害の訴えをしっかりと受け止めず、対応しない教師への不信と失望です。そして学校にも行けないほどにキツい「心の傷」になった時、教師への不信は、人間不信にまで深まることも少なくありません。教育学的に表現すればそれは、教師たちが教育者としての専門性を発揮することさえ難しい教育環境の貧しさと、二極化した学校制度が持つ強烈な影響力の現れであると言わざるを得ません。

具体的には本論に譲りますが、とりわけ中高一貫校の導入による学校の二極化（複線化）と、その制度を背景とした一二歳における中学受験競争の広がりと激化は深刻な問題です。それは小学校における公教育を急速に変質させていますし、その影響は思春期の中学校教育だけでなく幼児期の保育・教育にも大きな影を落としているからです。

幼少期からの子どもの育ちが、学力というたった一つの評価基準による競争へと駆り立てられ、多様な能力と個性を持つ一人ひとりの子どもの人格を尊重するという教育の本質が歪められているのです。教育が社会と家庭を巻き込んだ競争の代名詞にさえなりつつあるなかで、不登校は、競争と管理が渦巻く学校への恐怖と不信による「心の傷」の痛みからわが身を守ろうとする、子どもたちからの必死のシグナルだと捉えることができるのです。その視点を私たちの学びの出発点にしたいと思います。

第1章

「心の傷」としての不登校（不登校の実態）

1.「心の傷」、それは不登校理解のキーワード

(1) データから見える不登校の激増

不登校の児童生徒数に関する最新の情報は、二〇二三年一〇月四日に各報道機関が報じた文部科学省（以下文科省）からの報告です。その報告に依れば二〇二二年度中に不登校状態にあった小・中学校の児童・生徒数は二十九万九千四十九人で、前年度から二二・一％も増加していました。コロナ禍の四年間の中でも過去最高の増加率です。今回伝えられた報道の特徴の一つは、誰にも相談せずに不登校になった児童・生徒の人数が同時に公表されたことですが、それも過去最多で、十一万四千人（約四割）でした。

不登校の総数や全体の増加率からは見えませんが、新聞各紙の報道を詳細に見ていくと、小学校における不登校の増加率が中学校のそれよりもかなり高くなっていることがわかります。対前年度の増加率を見ると中学校は一九％ですが、小学校では全体で二九％と

一〇%も高くなっており、中でも一年生の対前年度増加率は四七%で最高になっていま す。指摘されてきた不登校の低年齢化が急激に進んでいる可能性がありますし、コロナ禍における生活の変化が、幼児期からの子どもの育ちに与えた影響の大きさが問われるような小一のデータです。同時に小学校での学習の量的増加と高速化、そしてルールによる児童の管理と厳罰化として指摘されている教育環境の変化が、子どもの育ちや意識と学校との間にミスマッチ状況を引き起こしていると考えることもできます。

文科省の報告には、不登校の他に小中高生におけるいじめの認知件数と自殺者数も含まれています。いじめの認知件数は小・中・高あわせて六十八万二千件で、自殺者数は四百十一人(警察庁発表は五百十四人)でしたが、これらも過去最多と報告されています。ここで最小限指摘しておきたいことは、文科省が、コロナ禍の中で子どもたち同士が直接関わり合う機会が減少し、人間関係が希薄になったと強調している状況下でいじめが増加しているのは何故かということです。子ども同士の触れ合う機会が減ったのに、いじめが増えるのは何故なのかという素朴な疑問から考えてみると、やはり子どもたちのストレスが私たち大人の想像を越えて強まり、しかもそれが幼児期にまで及んでいるのではないかと思われます。

ところで前記の不登校のデータに高校生は含まれていませんが、高校にも不登校の生徒はいますし公表されたデータもあります。しかし高校は義務教育ではありませんから、高校に入学するかしないか、或いは入学してからも休学や退学をするかしないかは本人や家族の意思で決めることになっているため、データとしては小中学校とは区別して扱われます。つまり高校生の不登校の人数（六万五百七十五人で前年度比十八・八％増）は高校に在籍している不登校生の数に限定した数字でしかありません。しかもいじめや不登校になって全日制高校を退学した場合は不登校の生徒ではありませんし、さらに、その中から通信制高校に転校した生徒たちは文科省の不登校調査の対象からさえ外されているため、公表された高校の不登校生徒数は実際の不登校の人数よりもかなり少なくなっています。

また、毎年見ているデータ以外に示された新しいデータを見ていると、いくつもの疑問が頭をよぎります。たとえば、先に紹介した小中学校で約三十万人の不登校の生徒たちのうち、四割弱が誰にも相談していないというデータは何を意味しているのかという疑問です。何らかの苦しみを抱えて辛かったり苦しかったりしても、子どもが親や教師あるいはスクールカウンセラー（以下、ＳＣ）に相談していない、あるいはできないことになります。

何故辛い気持ちになっても相談しない子どもたちが増えているのか。それを知りたくて相談に来てくれた子どもたちに直接聞いてみることにしました。

たとえば「親に心配をかけたくない」と考えて、話そうかと迷いながらも話すことを躊躇し、結局話さなかったという子どもがいました。その気持ちは、わからないではありませんが、不登校になった子どもたちからそれと同じ言葉を聞く機会は増えているように感じます。この事実からは「人に迷惑をかけるな」という価値観の一層の浸透を感じますし、自己表現の抑制を求める子育てと教育の強まりとも考えられます。

でも辛そうな様子や表情を見せる子どもに語りかけて話を聴くのは、教育にとっては不可欠な営みですし、教育の専門家である教師の本務でもあるはずです。今日の教育現場では、それができない状況が広がっているのではないか。そう考えてまた子どもたちに尋ねてみると「先生が怖いから話したくない」と答える子どもの数も明らかに増えています、「忙しそうで話せない」と答える子どもも少なくありません。しかも、教師が忙しそうで相談するのが難しい場合に、辛さを感じ始めた子どもが話を聴いてもらうためにいるはずのSCも十分には機能していないようです。それは一体何故なのかと思い、また何人かの子どもに尋ねると、辛いときに相談するためにSCがいることを知らない子どもが多く、中には「先生の許可がないと保健室にも行けないしSCとも話せない」と言う子どもも少なくありません。

つまり子どもたちは辛いときにも相談したくないと考えているのではなく、話してみたいと思うときがあっても、家や学校には話す気持ちが失せるような事情があって相談していないことがわかります。

しかも最近（二〇二四年三月）の報道によれば、このような調査結果が公表されている中で、いくつかの自治体ではベテランのSCを大量に辞めさせる新しい雇用制度を導入し、既に、それを実施していることがわかっています。不安や苦悩があっても相談ができず不登校になる子どもが増加している状況との矛盾がさらに深まるのは避けがたくなっていると言わざるを得ません。

⑵ 不登校の激増を「災害級」の問題と捉える意味

既に見たように二〇二二年度に不登校状態にあった小・中学校の児童・生徒数は急増し

ています。この意味を考えるために、次に見ておきたいのは、全児童・生徒数に対する不登校の出現率です。二一年度は二・五七％でしたが、二二年度は三・一七％に達していました。〇・六ポイントの増加です。つまり少子化が社会問題化している状況の中で、不登校はその実数においても出現率においても、急速に増加しつつあり、かつ低年齢化しているのです。

この数字は学齢期の子どもの三％に近い小中学生が、何らかの問題に直面して学校に通えない状態にあることを示しています。これは大きな災害による環境の激変でも起きない限り現れることのない状況と表現することができると思います。

コロナ禍は文字通りパンデミック（全世界的流行）と呼ばれる大災害です。コロナ禍による被害は大人にとっても大きいものでしたが、子どもたちにとってその被害は特に甚大でした。その中で私はすでに触れてきたように不登校の激増は災害級の変化であると捉えています。

それには三つの理由がありますが、以下にその一つひとつについて述べてみたいと思います。

第一の理由は、不登校の三十万人は氷山の一角にすぎないこと

第二の理由は、不登校の激増が生んだ「心の傷」への気づき
第三の理由は、子どもと学校のミスマッチの拡大です。

不登校三十万人は氷山の一角

まず第一の理由は、前年度から約六万人（二二%）も増えて三十万人に達した不登校の人数の多さです。しかも激増したとはいえ不登校の児童生徒の数を見るときに大切なのは、長期の欠席という状態によって「心の傷」の痛みを表出している不登校の子どもの数は、心身に不調を感じている子ども全体の一部に過ぎないということです。その意味で子どもの「心の傷」の表れである不登校は、その潜在的被害も視野に入れて考えなければなりませんが、その増加傾向が著しいときには、その周縁にいる被害者の数はかなりの数にのぼると考えておく必要があるということです。

コロナ禍が小康状態になってから小中学校の先生から聞いた情報ですが、最近の子どもたちの様子で気になるのは、落ち着きのない多動気味の子や快活さが見えず「抑うつ気味」の子どもが目立つこと、そして小学校低学年ではいじめが急増しており、教師は休み時間も教室を離れられない状況だという話でした。また長期のコロナ禍による遊びと運動の不

足による運動機能の形成不全と思われる諸症状、例えば筆圧の低下に現れる鉛筆を握る力や腕力、体幹の力の低下がさらに一段と進んだように見えるとも聞いています。

児童精神科の専門医は、子どもの「心の傷」は周囲の大人にとってたいへん気づき難いものであり、その対応がなされなければ「心の傷」はPTSD（心的外傷後ストレス障害）として重症化し、何年も後になってから病的な症状として表面化する可能性もあると考えられると述べています。

文科省はコロナ禍の最中から、学力低下を最大の関心事とし、それを防ぐための「学び」の重視を強調してきました。その方針からは子どもの生活と心身の発達におけるコロナ禍の影響をどこまで深く認識し、学校現場の状況を把握しているのかが伝わってきませんし、コロナ禍を契機とした「抑うつ傾向」の増加を子どものメンタルヘルスの悪化と捉える視点の欠如が伝わってくるだけでした。

不登校の激増による「心の傷」への気づき

コロナ禍における不登校の激増を災害級の事態と捉える第二の理由は、プロローグでも示したように、不登校の要因に関する新たな視点が親たちの中に拡がる契機になっていることです。それは日常生活の維持が脅かされるほどの大きな災害に直面したときに起きる、新たな認識への飛躍と考えられるからです。

二〇一一年の東日本大震災に際しては、巨大津波と原発事故という大災害に遭遇し、その後広範囲に亘り長期間に及ぶ放射能汚染を体験しました。それ以来、日本人の多くが受け入れていた原発の安全神話の偽りに気づき、核技術への過信を諫める発想が、人間が受ける被曝線量を示す「シーベルト」という言葉とともに一気に社会に拡がり、受け入れられました。

また一九九五年の阪神淡路大震災の時は、それまで個人的な弱さや親の甘やかしと見做され、批判の対象にさえなることが多かった子どもを含む多くの人々が陥った抑うつ状態について、「心的外傷」という専門的な捉え方が、その英語表現である〝トラウマ〟という言葉とともに社会に拡がる契機になりました。身体の怪我と同様に人間の心もまた、たとえ目には見えなくても外部からの力（ストレッサー）によって傷を負うことが、多くの国民に受け入れられるようになったのです。その心的外傷をわかり易い日本語で表現した言葉が「心の傷」なのです。

〈私と「心の傷」(トラウマ)という言葉との出会い〉

今述べてきたように、大災害と人間の精神衛生の関係を考えるときに参考になるのは、一九九五年一月十七日の阪神淡路大震災と被災者のトラウマの関係です。その当時私は長崎の大学に勤務していました。そして偶然にも大震災の翌日に東京での仕事があったため、たまたま飛行機の窓から神戸の惨状を目にしました。地震があった一日後でしたが、白っぽい煙の様なものがまだ幾筋か立ち上っていました。高速道路が倒れたり崩れたりという細かなところまではわかりませんでしたが、街の形が崩れ黒っぽい灰のように見えた状況からは、地震とそれによって引き起こされる街の破壊がこんなに恐ろしいものなのかと、心が竦《すく》むような体験したことを覚えています。人々がそして特に子どもたちが感じた恐怖や混乱そして不安や悲嘆はどれほどのものであったのか、それを想像しようと思っても適当な言葉は見つかりませんでした。この状況をどう捉えるべきかにも迷い、考えながら、その光景を見つめているしかありませんでした。

そして私がその光景を胸に刻んでから六年後の二〇〇一年に一冊の本が出版されました。『心の傷を癒すということ』(角川ソフィア文庫)という本で、自ら阪神淡路大震災で被災した当事者でありながら被災者の支援に奔走し、被災者のトラウマ(「心の傷」)とその治療・救援・支援について考え続けた、精神科医の安克昌氏が書いた本です。安氏は神戸大学付属病院の医師として自ら避難所に赴き、実践的、臨床的に心身が傷ついた人々の救援と支援に関わり続けました。その実践と考察の記録として今なお学ぶことの多い本ですが、その中には次のような文章があります。

「『心の傷』とはなんだろうか。外からの力によって身体に傷がつくのと同じように、心もまた傷つくのである。身体の傷は物理的な力によって生じるが、「心の傷」は心理社会的な力によって生じる。この心を傷つけるものを『心理社会的ストレッサー』という」

そして「心の傷つきが通常の『悩みごと』といった範囲をこえて、強い不安感・恐怖心や身体的な異常を引き起こしてしまうこともある。日常生活に支障をきたすほどの状態になると、『神経症』『うつ病』などの診断がくだされ治療が必要となる。なかでも『（心的）外傷後ストレス障害（ＰＴＳＤ／Post-Taumatic Stress Disorder）』は、ストレッサーと症状の関連性が密接である。これはその人の生存を危機にさらすような重大な出来事によって生じた〈心の傷〉（「心的外傷」Psychic trauma）によって引き起こされる」と書いてあります。

しかしご記憶の方もいると思いますが、「心の傷」を意味する「心的外傷（トラウマ）」

という医学の専門用語があることを、当時の日本人の大多数はほとんど知りませんでした。「心の傷」を受けた後、更にストレスが加わると○○障害や○○症などと診断される精神の病気に進行する場合があるのですが、私たちは精神の病気に関する一定のイメージや知識は持っていたとしても、人間の「心の傷」については、その言葉もそれが意味する深刻な事実についても知らなかったといえるのです。

そして不登校のことを考えていた私自身もまた、精神の病気になる前の段階にも起こり得るという「心の傷」に関する安氏の著書を読み、それに刺激を受けて初めて「心の傷」（トラウマ）に関する文献に注目するようになりました。その内にこの概念が子どもの内面と言動との関係に関する理解にとって非常に重要であることがわかり、その意味を踏まえて不登校のことを考えるようになってきたのです。

安氏はそれと似たプロセスが精神医学の世界にも見られたと証言しつつ、その社会的背景についても書いていますので、その箇所についてもご紹介しておきたいと思います。

「日本の精神医学は〈心の傷〉の問題にあまり熱心ではなかった。……日本社会に範囲を広げてみても事情は同じである。心の傷つきについて、これまで日本人はけっして自覚的ではなかった。日本の文化では心の傷を一人胸の内に秘めることが〝美徳〟とされてきた。

……傷ついた心持ちを口にすることは、恥であり、はしたないこととされてきたのである。現在でも、精神的な問題を訴える人に対して、『何を甘えたことを言っているのか』『傷ついているのはお前だけじゃない』などと言った反応を示す人は少なくない」

〈「心の傷」それは不登校理解のキーワード〉

実際、私自身とその周辺を振り返って見ても、精神的な苦悩を訴える人について、今なお「本人の弱さ」という自己責任的な捉え方をする人が多く、その考え方が私たちの中に深くしみ込んでいることがわかります。それ故に苦しみを抱えて沈んでいる人に向かって、無意識のうちに注意したり非難したり励ましたりする言葉が口をついて出てしまうのだと思います。不登校の場合も、家の中にいてただゲームをしたり、ＹｏｕＴｕｂｅを見たり、ただ漫画を見続けているだけのように見える子どもの姿を見ると、「何だ、遊んでいるだけじゃないか」と思ってしまう人が少なくありません。そして「甘えるな」という言葉がつい口から出て厳しい口調で注意してしまう例も後を絶ちません。不登校のわが子の様子を見てショックを感じ、それと同じことを言った経験をもつ親が、それを振り返りながら反省の弁を口にできるのは、親としての苦悩体験の意味が理解できた人たちに限られると言っても過言ではありません。

しかも「環境のせいにするのは甘えだ」、「社会や学校のせいにするのも甘えだ」という考えが強く残る日本社会では、親だけでなく強い葛藤を抱えて不登校になった子ども自身にもあてはまり、自分を厳しく責め、傷つけるケースが非常に多くあります。狭い人生経験のゆえに子どもは自分の不登校を自分の弱さや過ちゆえだと考えざるを得ないうえに、不安や苦しみが深くてもそれを伝える言葉が見つからず、身近な人からも責められていると感じて「心の傷」を深める傾向が強いのです。そして誰にも相談できず、暴力や自傷的な行為に陥る子どもが多いのもそういう背景があるからではないかと考えられています。つまり親も子も教師も場合によっては医師でさえも「心の傷」という言葉の意味を知らないために、出口のない自己責任的な発想に囚われて傷を深め合う状態から抜け出すことができず、もがけばもがくほど泥沼に嵌まっていくようなケースが多いと思われます。

安氏はまた子どもの精神状態に対しても深い関心と問題意識を持ち、自分の生存が脅かされるような体験によって「心に傷を受ける」のは大人だけでなく子どもも同じであることを強調していました。そして大人が子どもの「心の傷」を理解しにくい事情として、発達の途上にある子どもゆえの固有の難しさがあることにも触れています。子どもの「心の傷」とその現れについて書かれた箇所の一部には次のように書かれています。

「重要なのは、子どもの〈心の傷〉による症状は大人のそれ以上に見逃されやすいということである。子ども時代の心の傷は直ぐに症状となって現われるとは限らないし、小さな徴候は見逃されることも多い。子どもは一つの感情が大人ほど持続しない。子どもは大泣きした後でも、ケロッとしてはしゃいでいる。友達とケンカをしても、すぐにまたいっしょに遊んでいたりする。…しかし（それは）子どもが心的外傷を受けなかった（ことを示している）わけではない」

「癒やされなかった子どもの頃の心的外傷は、心の片隅にいつまでも消えることなく残る。大きな心の傷を受けた子どもは、大人になってからも生きることに困難を感じることが少なくない」

さらにそれに続けて、子どもの育ちなおしの力にも触れて、「子どもは傷つきやすいが、また同時に、大きな回復力をもっている。その意味でも、子どもの〈心的外傷〉を適切にケアすることは非常に重要なことである」と書いています。

私は教育学の立場から子どもの内面理解に焦点を当てて不登校の研究をしてきましたが、このような指摘を知ることによって学校に登校したくてもできない程に厳しい精神状態に陥った子どもの内面と、不登校になったことの意味を理解する上で、「心の傷」という概念が非常に重要なキーワードになると考えるようになってきたのです。

不登校相談を重ねる中で私もまた、安氏が指摘するように、身内や隣人からあるいは精神科医や教師からさえ「それは子どもの甘えだ」「怠けだ」と言われたケースの多さに驚いてきましたが、さらに父親から「お前が甘やかしてきたから不登校なんかになるんだ」と非難されて苦しむ母親たちの声にもたくさん出会ってきました。

それらの声を聴きながら気づいたのは、子どもの不登校状態が意味することへの関心の低さと「原因」という名の責任追及的発想の強さという事実でした。つまりその状態の意味を吟味して子どもの心を理解しようとするプロセスを欠いたまま、不登校について「長期欠席をし、勉強が遅れる子ども」という認識とその状態への否定的な評価に陥っていること。そして、その評価と先に触れた自己責任や家庭責任という原因論に基づいて、指導や対処が行われていることが余りにも多いという事実です。

確かにゲームばかりをしている子どもの外見を見ただけでは苦しみを抱えているようには思えない。他の子は学校に通えているし、少し辛いことがあっても親たち自身も頑張って学校に通ってきた。それができずに遊んでばかりいるのは、本人の甘えか弱さにちがいないと考える人が非常に多いのが実情なのです。

「心の傷」（トラウマ）への関心が強まり、社会に拡まり始めた阪神淡路大震災から二十九年、安氏の本が出版されてからも二十三年が経ち、東日本大震災からでも既に十三年が経ちました。この間も子どもたちの間では不登校だけでなくいじめや自殺者が増え続けています。にもかかわらず子育てや教育の現場では、人間である子どもの「心の傷」に対する関心と不登校の本質への関心が繋がらず、子どもたちの状態が深刻な事態による心の傷つきを全身で訴えるサインであることに気づかない人が、親にも教師の中にも非常に多いというのが現状です。

この社会に深く根付いた自己責任や家庭責任という発想を越え、子どもの苦しみに寄り添って子どもを守るのは決して簡単なことではありません。しかし学校に通いたくても通えずに苦しむわが子を前にして、「弱い子」や「甘え」と評価する意識のままに対応してきた親たちは、その言葉は使っていなくても、自分の表情や言葉の端々のニュアンスが子どもの心を一層深く傷つける事実に直面して、その評価の誤りに気づいていきます。子どもにとって最後の拠り所である親の意識と不用意な言葉が、不登校の子どもたちにとっては非常に強い心理社会的なストレッサーになっていることがわかってくるからです。

親たちは不登校をしているわが子が敏感に反応する姿と自分自身の言動との関係を知ることを通して、次第に心的外傷と言われる子どもの「心の傷」の存在に気づいていきます。そして「子どもを受け入れるってどういうことなんだろう」、「子どもを見守るってどうすることだろう?」と悩み、考え始めるのです。

しかし「心の傷」という言葉を知ったとしても気持ちの切り替えは簡単ではありません。暫くの間は、「私の子育てがまずかったからじゃないか」と自分を責めずにはいられない気持ちと、「何とか手を打たなきゃ」、「何とか学校に戻さないと大変なことになる」などという「心の傷」を無視した思いとの間で、迷いが深まる親がほとんどだと思います。親と不登校の子どもの出会いなおしの過程とはそんなことの連続だと言っても過言ではありません。

子どもと学校のミスマッチの拡大

冒頭から何度も強調してきましたが、小中学生の不登校は急増しています。

ところが、小中学生の不登校が急増しているという情報を新聞やSNSが取り上げても、社会の反応はあまり強くないように思われます。しかし、それは何事もなく流れていく日常の時間とは異なり、かつてない不安な時間を過ごしながら、何をどこに向けて問うべきなのかわからないという反応なのではないかと思います。

そこで、私が不登校の激増について「災害級」の事態という言葉を使う三つ目の理由を述べておきたいと思います。それは、不登校の激増と並ぶ大量の未相談者の存在という事実に、コロナ禍という大災害の中で顕在化した学校と子どものミスマッチ状態が明確に現れている点にあります。

阪神淡路大震災などの破壊的な自然災害を振り返って見ると、長期に欠席せざるを得ない子どもたちは存在しましたが、不登校の激増という情報はあまり聞きませんでした。むしろ耳に届いたのは、震災後に再会した師弟間で「生きていて良かった」と互いの生存を喜び合う命の再会のドラマであり、誰一人同じではない子どもの状態を一人ひとりの子どもの事情として尊重し、教科書や校則に支配されない教育の原点に立つ実践の重要性でした。

ところが長期化するコロナ禍とその中で語られる教師と子ども、学校と子どもとの関係は、増え続ける来談者の話を聴く限り、徐々に拡がる不信感の強まりと表現することも可能ですし、感染状況が小康状態になってからかなり時間が経った現在もなお、それが続いているように思われるのです。

これだけ深刻な感染症パンデミックを体験したのに、教育の現場では命の再会を喜び合うドラマやそれを踏まえた教育の原点の再確認はあまり語られていません。むしろ学力の遅れへの不安を煽り「学び」の重視を合い言葉にして、教科書通りに教えるスタンダード型の授業再開が追求されています。そしてコロナによる家族の変化なども背景にして、勉強第一の空気に違和感を持ち反抗する子どもに対する管理の強まりさえ報告されています。コロナ禍を通して日本の子どもと学校とのミスマッチ状況は一層深まった感さえあります。

それは不登校激増の背景・要因についての文科省の説明にも明確に現れています。すなわち文科省は不登校の激増は「長期化する新型コロナの影響で生活習慣が変化し、生活リズムが乱れ易い状況が続いたことや、学校生活で様々な制限があったことなどで、登校する意欲が湧き難い状況があったことなどの影響」によるものだと説明しているのです。つまり子どもたちの登校意欲低下の背景・要因として、本人の弱さや家庭の問題という従来の項目の他に「学校生活での様々な制限」という新たな項目が加わったのです。

もちろん教師たちは子どもたちをコロナの感染から守るために、政府、教育委員会そして学校の決定事項を、子どもたちに伝え守らせることに必死でした。しかしその過程で子どもたちの意見を聞くことや、決定事項についての理由を説明することなどはほとんど行われなかったと言われています。感染症パンデミックという大災害への対応としてはやむを得ない面があったとしても、この関係が二年、三年と続く内に教師と子どもたちの信頼関係はかなり傷ついたと考えられますが、それは文科省自身が「学校生活での様々な制限」に触れざるを得なかったことにも現れています。

重要な点は、コロナ禍が完全に終息した訳ではないとしても、学校が一応「正常化」した後の対応もまた極めて不適切だったことです。現在もなお文科省が第一に重視しているのは遅れた学力を取り戻すことであり、師弟間の信頼関係を回復することではありません。教師が提案する諸行事やクラス活動の取り組みなどは、むしろ学力の回復と向上への妨げとして退けられることが多いと言われています。そのためコロナ禍の最中とほぼ同じ指示的なやり方が踏襲され、学校が一方的にルールを決めてそれを守らせる「指導」が優先されています。そのストレスも重要な要因となって、子どもが動き回る落ち着きのないクラスやいじめの増加が報告されているのは周知の事実です。そして秩序を乱す子どもを注意する教師の大声に傷つく繊細な子どもたちは、「学校が怖い」と言いながら

「心身の不調」を訴えることが多くなっており、やがて「心の傷」を感じて不登校になる子どもが増え続けているのです。

ここで改めて注目しておきたいのは、今回の文科省の報告にあった不登校三十万人の約三八％に当たる十一万四千人もの子どもが誰にも相談していないという事実です。子どもが相談したいと思っても、その大前提である教師との信頼関係が崩れていることをこの事実は示唆していると考えざるを得ないからです。「心身の不調」に関する相談の場合は、進路相談や人生相談における「相談」とは違って、信頼関係の存在が大前提になります。不登校全体の四割に迫る未相談者の存在はその前提の欠如または不十分さを示しており、正常化したはずの学校のあり方と師弟関係の異常さを物語っている事実と見做すことができるのです。

ところがこの状況の中で文科省が重視しているのは相談の手段としてのＩＴ端末の活用です。それは新たな相談ルートの導入ではあっても、信頼関係の回復と再建を度外視したままの方針であるために、新たな困難と混乱の基にさえなり得ると考えられるのです。学校でのストレスや不安を誰にも相談できず、助けを求めて家庭に引きこもらざるを得ない子どもたちは依然として増え続けるでしょうし、頭痛や腹痛などの症状あるいは暴言や暴力などの行動を、「心の傷」の痛みに対する理解と共感を求める術として家庭の中で表出することになると考えられます。

コロナ禍はまさに大災害ですが、日本の学校と教育行政による子どもたちの感情と意思を無視して続けられる対応は、不登校、いじめそして自殺の急増というデータが示しているように、コロナ禍による被害を拡大する「災害級」のものになっていると言わざるを得ないのです。

⑶「心の傷」を表出する三つのシグナルについて

子どもたちの不登校には様々な意味が込められています。

一般的には不登校は心に耐え難い痛みを抱えて家庭にひきこもった子どもたちの姿を意味しますが、どんな表情を示し、どんな状態になるのかを教師たちはほとんど知りません。それは家庭の中でのみ表出されるシグナルだからです。そこで、今まで親たちから聞いた話を基に分析すると、それには大体三つの状態と意味があることがわかります。症状と行動と叫びの三つです。私はそれを三つのシグナルと呼んできました。

それらのシグナルは、一人で全てを発信する子どももいますが、そのうちの一つだけを長い間出し続ける子もいます。「心の傷」のあり方や子どもの性格などにもよりますし、誕生以来の長く積み重ねられてきた親と子の関係の性格を反映して多様ですが、大切なのはそれを最後の助けを求める必死のシグナルと捉えることだと思います。以下にそれらのシグナルの特徴を見ておきたいと思います。

症状として表れる心のシグナル

一つ目は、症状として表れるシグナルです。それは、まるで病気のような症状として表れます。例えば不登校の多くの子どもたちは最初に腹痛や頭痛を訴えます。経験的には小学校三年生以下の子どもたちは自分の辛さを言葉で考え、表現できるほど言語能力が発達していないからでしょうが、腹痛を訴えるケースが少なくありません。だから親たちは内科や小児科に連れて行って何か異常がないかと診てもらうのですが、医師は「内科的には問題はないので何か精神的なものではないでしょうか」と助言して終わりのケースが多いようです。そこで親たちはまた悩みます。精神科だと「精神病」と思われないかと不安になり、心療内科にすべきか、やはり精神科に行くべきかなどと考え、深い葛藤と迷いに陥って子どもが通う学校に相談に行くわけです。

その腹痛という症状に頭痛が加わってきたり、主に頭痛だけを訴えるケースは小学校高学年くらいからよく見られるようです。この頭痛は相当長い期間悩みが続いて、その悩みが深まったり、言葉で考える力が備わってきたことを示している証拠なのだと思います。その中にこんなケースもありました。腹痛を訴えながら五月雨登校をしていた子どもが頭痛を訴えるようになり、朝は金縛り状態になって起きあがれなくなったケースです。それでも子どもを何とか学校に連れて行かなければと思いながら、子どもの表情を見て母親はハッとしたそうです。小さい時にあんなに輝いていた子どもの顔がまるで能面のように表情を失っていたからです。腹痛では済まず頭痛までいき、そして能面のような表情を見せる子どもになったケースです。

そこまで進んだ様々な症状に気づいたら、子どもをしっかりと抱きしめて「大丈夫ゆっくり休みなさい」と言ってあげてほしかったのですが、初めて出会うわが子の不登校状態に驚き、様々な症状を見た母親は更に慌ててしまったそうです。何とかしなければならないと思って慌てたのです。母親のその姿を見て子どもは自室から出られなくなりました。

自分が学校にいけないから親を苦しめているんだと思ったらしく子どもは自分を責めているようで、夜もなかなか眠れないようだと母親は話していました。

こういう例からもおわかりのように、子どもたちが最初に出す助けを求めるシグナルが様々な体の症状として表れることを症状化と言います。そして、ほとんどの親は腹痛では収まらず頭痛も出るようになると、何かの病気に罹って身動きできなくなったのではないかと考えて病院や相談機関に相談に行くようになるのです。しかし、病気ではなく精神的な問題で不登校になっていると言われた親たちは不安を抱え悩みながら様々な本やスマホの情報を探し、相談機関からの助言との間で揺れながら迷い続けます。その中でも運の良い人は友人や相談機関から紹介された「親の会」に辿り着いて、徐々に落ち着いてくるのです。いずれにせよ、子どもが様々な症状を示して学校に行けなくなることは、どの親にとっても非常に深刻な事態ですから、子どもを何としてでも学校に戻したいと思って揺れるのは当然の親心として理解することが大切だと思っています。

わが子が不可解な様子を見せながら不登校になった時、親たちが陥る不安や悩みの意味を知る上で、私が大切にしている一つの事例がありますので、ここで紹介したいと思います。

関西で行った講演会でのことです。講演会の後の相談会にまで残られたある母親は「高一の娘が頭痛を訴えて不登校になった時、子どもが社会のレールから外れてしまったような気持ちになり、何としても元のレールに戻そうとして必死でした…」と話し始めました。子どもが訴える頭痛のことよりも「子どもが社会のレールから外れてしまった」ことが気になったのだと思います。話の冒頭に語られたこの言葉を聞いたとき、私はその表現の見事さに感心して、忘れられない言葉になりました。その言葉は義務教育を終えて高校に入学してからもなお学校というレール以外に社会に出て行くレールがないと誰もが感じていることを示していたからです。

というのは五、六〇年位前まではまだとにかく義務教育を修了していれば、その後は学校というレール以外にもいろんなレールのイメージがあり、様々な人生があるということを当然の前提として子どもも大人も生きていました。しかし、現在の社会では子どもにとっての人生のレールは更に上の学校に進む一本の道以外考えられない社会になっているのです。そのため今日の子どもとその親たちの気持ちを察すると、不登校がどれほどのショックなのか、頭痛や腹痛を訴えていたとしても、その時「冷静に子どもを理解して受け入れなさい」などといくら言われても、心がついていかない程、親が混乱するのは当然のことだと思われたのです。

だから多くの親は、とくに子どもが小さい時には毎朝子どもを抱えてでも、車に詰め込んででも学校に連れて行かなくてはならないと考えるのです。それに中には、「学校に来れば元気だから連れてくれれば大丈夫です」という先生が少なくないのですが、その状況こそ大問題です。教室に一旦入れれば、友だちの前では何ごともないかのように、明るくふるまう「よい子」たちの苦しみを知らないために言える言葉だからです。だから先生の話を信じてとにかくお父さんの力も借りて、子どもを車に詰め込んで学校に連れて行くのです。その短い期間を過ぎて、正気を失ったように泣きわめく子どもに親も根《こん》がつき、登校刺激をあきらめた頃には、抑うつ状態になった子どもが、完全に自室にひきこもる例もあります。

後になって、冷静に振り返ってみればなぜあんな残酷なことをしたのだろう、子どもに本当に申し訳ないことをしたと思えるようになるのですが、仮に子どもが不登校になる前からその知識があったとしても、それだけで冷静に振る舞えるわけではないということです。子どもが病的な症状を示し、様々な痛みや苦しみを訴えている姿を見たときの親が不安と苦悩の深さを越えて冷静になることは、決して簡単なことではありません。冷静さをとり戻した体験を語ってくれたある母親は「それは居直りというか、一種のアキラメの気持ちが転機だった」と語っていました。この揺れを越えていくことの難しさをよく表した言葉だと思います。こういう親たちの話を聞きながら私たち相談員は子どもと親の関係とその現れについてどこまでも共感的に理解することの大切さを深く学ばされてきたのです。

だから今懸命に元のレールに戻そうとして苦しんでいる親たちのその苦しみがわかり、一緒に考え共感できる不登校の子を持つ先輩や相談員の存在が大切なのです。それこそが本来の心のケアという仕事にとって大事なことだと私も気づくことができました。

「社会のレール」という言葉を教えてくれたその母親はこう言っていました。「はじめのころは、親の会に行って『子どもの育ちなおす力を信じなさい』と言われても何を信じるのかわからず、やはりどうすれば子どもをレールから外れないようにできるのかばかりを考えていました」と。やはり、とても正直な母親で、無意識の内に身についた学校へのこだわりを越えることの難しさをみごとに表現していると思ったのです。その苦しみを理解しながら「症状が出る程子どもが苦しんでいる時は、親も苦しいんだよね」と共感してくれる人がいて初めて、親は更に不安な思いを吐き出しながら自分のこだわりをアキラメる境地に辿り着き、そして自分の苦しみの壁に気づいていくのだと思います。

ここまで腹痛や頭痛という症状について事例を紹介してきましたが、「心の傷」のシグナルとして表出する症状はもちろんこれ以外にもたくさんあります。たとえば、持病のアトピーが心理的葛藤の強まりによって重症化したり、抑うつ症状や拒食・過食の摂食障害として表れたりするケースなどが私たちの身近にたくさんあるということです。

あるいは、その他に私が直に接したケースでは、中学一年の女子生徒でしたが、学校に登校する時間が近づくと次第に視力が低下し一時的に物を見るのが難しくなるケースがありました。眼科医からは眼科的な機能障害は見られないので精神的な問題ではないかと言われて相談にきてくれたのです。その事例では、私からの要望に学校が応えてくれて、両親と共に学校から担任の先生と教頭先生、そして養護教諭が一緒に研究室まで来てくださり、相談に同席してくれました。視力がどのように変化しながら回復していくのかも定かではない状況の中で、学校の全面的な協力が必要だと判断したケースです。幸い学校の理解と了解が得られ、彼女はゆっくり休むことができましたし、ご両親が親の会で学び続けることを約束してくださったのです。

親にとって大切なのは、子どもの症状を和らげる薬を処方してもらうだけでなく、親自身が相談に行き、症状として表出するほどの辛さを抱えて長い間葛藤し、苦しみながらも相談できなかった子どもの心に近づくことです。それが「子ども理解」という方法です。子どもの症状が収まり、「心の傷」が癒えていくためには、親の心が落ちつきを取り戻すことが必須の条件になっているからです。

行動として表れるシグナル

二つ目のシグナルは行動に表れる行動化というシグナルです。

行動に表れるシグナルの多くはパニック的な暴力か、または自傷的な行為です。暴力には他者に向かう暴力と、自己に向かう暴力の二つがあります。いま他者に向かう暴力といいましたが、それは自分以外の何かに向かう暴力と言い換えられるもので、それにも二つあります。対物暴力と対人暴力です。最初から人に暴力をふるうというのはあまり聞いたことはありません。まず物です。物を投げるだけでなく、障子を引き裂いたり、ふすまに穴をあけたり、自分も痛いだろうけど、壁を思いっきり拳固で殴ってへこませたりする暴力です。それが何ヶ所もでき、何回も続くと、親はいったい何事が起きているのだろう、家が壊されるのではないかと思うぐらい深刻な悩みになります。

私自身は家庭で暴力をふるって金属バットで家の中を壊し始めた高一の男の子に会いに

行ったことがありました。県内随一の進学校に入学して間もない頃でしたが、子どもの了解がとれたという母親に頼まれて、その子の家を訪ねました。家の中のものはほとんど形を留めてはいませんでした。ただ正常だったのはテレビとパソコンだけです。テレビやパソコンがないと時間を過ごすのが難しいからだと思います。こんなにまで暴力をふるいたくなるほどの苦しみとはいったいどんな苦しさなのだろうと思いながら先ず母親と話をしました。勿論聞き耳を立てている彼を意識しながらの話ですが、頃合いを見て彼にも挨拶のような言葉かけをし、子どもとの初めての出会いではよくするのですが、いつものように彼の反応を見ながら少し長い自己紹介をしました。彼に「話してみても良い」と思ってもらえるような信頼関係を築きたいからです。話しているうちに夕ご飯の時間になりました。彼がトイレに行っている間に、母親が「お寿司の出前でもいいですか？　実は尖ったものは一つも置けないのです。それで何をするかわからない。自分を刺すかもしれないので包丁も箸も置けません。だから食事のたびに割りばしを持って来てくれる店屋物をとるしかないのです」と言いながら、お寿司を注文してくれました。

家中の家具は、テレビ以外はほとんどが傷をつけられていましたし、母親以外の家族は、部屋を借りて別の家に避難していました。彼は深い自己否定の精神状態でものに当たり、自分自身にも危害を加えかねない状態のようでした。でも母親の話によれば彼は母親には決して手を出していないということでした。私はその親子関係に込めた彼の思いこそが彼の「心の傷」の中心にある問題なのではないかと思いました。母親に助けを求めたいし母親が頼りだが、それを伝えることができない何かがある。それがこの子が家の中だけで発する行動のシグナルの一つの意味なのではないかと思いました。一回目の訪問でしたが、彼とは一緒にその寿司を食べることができました。その後も彼はあまり話さなかったのですが、一緒にテレビを見ている内に少しずつ言葉を交わすようになりました。その話で見えてきたのは、とても可愛がっていた五才年下の弟の死に関する問題で、彼の「心の傷」の深さはＰＴＳＤ専門の精神科医の助けを必要としていることが伝わってきました。

プライバシーの問題もあるので話の詳細は省きますが、その後の数回の対話の後、信頼できる精神科医に会うことを受け入れてくれた彼は、通院しながらやがて「心の傷」を癒すために、休学をする決意をし、父親の家業を手伝うようになるまで精神状態を改善していくのです。しかしそれには一年以上の月日がかかりました。自分から母親に「すごく心配をかけてしまったね」と言って、ちゃんと服を着て話すようになっていった彼の変化を親の会で聞きながら、それは間違いなく信頼できる医師との出会いと定期的な受診とともに、親の会に参加して学び続け、どんな時も彼の沈黙に寄り添いとことん受け入れ続けた母親への信頼の力なしには考えられない変化だと私は確信しました。

叫びとして表れるシグナル

子どもが表すシグナルの三つ目、それは子どもの叫びと呟きです。

それは自分の気持ちを言葉にしたいのに言葉が無いときの言語的表現といえるかもしれません。それは自分の苦しみをまだわかってくれない親に対する抗議でもあるでしょうし、自分のことを一度もわかってくれようとしなかった学校の先生に対する怒りの表現でもあると思います。場合によってはせっかく相談に行ったのに、自分の話をちゃんと聞いてくれなかったカウンセラーやドクターに対する不信と怒りである可能性もあります。それ故に、自分の心情や子どもの状態の良し悪し、あるいはその診断的な評価にこだわるのではなく、子ども本人の状態が意味することに関心を集中し、しっかりと聞いてくれるカウンセラーや親と出会うまで子どもたちは本当に彷徨い苦しむのです。そして何度も症状で訴えたり行動に表したり、そして叫び声をあげたり呟いたりしながら子どもたちは自分の辛さを表していきます。

そして叫びとして辛さを表出する男の子どもの中には、自分が弱いから学校に行けなくなったと見られているのではないかと思い、自分を強くしたいという思いを込めて行動する子がいます。エキスパンダーや鉄アレイを買ってこいと親に求め、それを使って一所懸命体を鍛えたり腕立て伏せを何十回もやったりして、それに打ち込む子どももいます。それでも外に出て身体を動かすことはできないのです。それは不登校にならざるを得なかった第一の心の傷の表れとともに、不登校になったことに対する周囲の評価に反応した第二の心の傷の深まりという、二重の苦悩の表出と言い得る状態とみることができます。自分の辛さや苦しさへの無関心と、すべてを自分の弱さの問題だと思われていることに対する子どもの憤りと思われる行動的な表出の一部です。その表出を「問題行動だ」と思う人は多くいますが、苦悩の行動的な表出だと気づく人は決して多くはありません。男の子にとって弱いと思われることは屈辱であり、そう思われたくないから自分を強くするために鍛えるのだと思います。

相談を受けた中でより徹底して強さにこだわる一つのケースには、ボクシングの練習をしたいと言い出し、茶の間を改装してそこにリングを作らせて、ボクサーのように動き、リングの上で叫ぶような声を出しながら、必死にシャドーボクシングをする子がいました。親や教師あるいは周りの人たちが口にする「こいつ弱いから不登校になるんじゃないか」というニュアンスの言葉や表情に出会うと、それに敏感に反応し反発して体を鍛えずにはいられない、そんな切ない思いが行動になって表れたケースだと思います。

そのように行動化する子たちは過敏と思われるほど敏感な状態になっていますが、やはり家の外に出ることは難しいのです。しかしそこまで強く悩み、解決を考える力があって行動できるのだから、育ちなおす力は十分にあると受け止めることが大切なケースでもあります。だから大丈夫だと考えて子どもを信じ、子どもの言葉を聞きながら理解しようと努力を続ける以外に方法はありませんが、親であってもそれは決して簡単なことではありません。言葉にならず叫び、非日常的な行動に向かう子どもたちの言動の意味は、「弱い自分」を責める気持ちの他に、「将来」に希望が持てない「ダメな自分」への焦りと怒りの気持ちの場合もあり、友だちと同じように動きたいのに「普通」に動けない「異常な自分」の存在を否定したい気持ちでもあると思われるのです。異常と見做す発想を越えて、言葉にならない叫びや呟きもまた苦しみを表す子どものシグナルと受けとめながら対話を続け、徹底的に受け入れられることで、弱くてダメで異常な自分という自己否定感を言語化することこそ、克服する上で大切なのです。

2. 不登校は命の問題
―松本俊彦氏の研究に学ぶ「心の傷」―

以上の三つのシグナルから不登校の本質をより深く理解するために、ここで「不登校新聞」（二〇二三年二月十五号）に掲載された国立精神神経医療センターの松本俊彦先生の講演の記録を紹介したいと思います。松本先生は薬物依存と自殺の事例について非常に丁寧で臨床的な研究をしてこられた方ですが、不登校についてもその知見から非常に重要な指摘をしておられる先生です。

(1) 不登校と自殺の関係を示唆する研究に学ぶ―自殺研究から見える不登校―

不登校と自殺の関係について、松本先生は次のように述べておられます。

「私は自殺に関する研究もしており、自殺で亡くなられたご遺族に、ご本人の半生について丁寧に時間をかけて聴いていくという取り組みをしてきました。そこで明らかになったのは、一〇代や二〇代で亡くなられた方の多くが不登校を経験していたということ。これはある程度予想していたことでした。私が驚いたのは別の事実です。

じつは、その（不登校という経験をしてお亡くなりになった方の）うち七五％の方が、学校復帰をしていました。しかも、一時的に不登校になったものの、割と速やかに学校復帰をしていたのです」

これは非常に重要な指摘なので、改めて三つに整理してみました。

・一〇代二〇代の自殺者の多くが不登校経験者であったこと
・自殺した不登校経験者の七五％が学校復帰者であったこと
・その学校復帰者は短い不登校期間で復帰していたこと

となります。

「心に傷」を負い動けなくなるまでにも時間がかかります。様々なストレスに耐えて、耐えて、「心に傷」ができて動けなくなるのだからです。目に見える身体の外傷にも例えながら説明をしてみたいのですが、「心の傷」の場合でも癒えるときには瘡蓋《カサブタ》ができたような状態になります。周囲からの刺激に耐えられそうに見えても、それが剥がれるとやはりまだ痛さを感じる状態です。身体の傷ではやがて痒くなって、瘡蓋がポロッととれますが、その後でも傷ができたことを忘れてしまうまでには一定の時間がかかります。身体の傷でさえそうなのですから、目に見えなくて柔らかい「心の傷」が癒えるには、それ以上の時間がかかることを想像する必要があります。

不登校の場合でいえば、まず「心の傷」のことを知り、その上で充分時間を掛けてその傷を癒すためのケアが重要になります。ところがこのケアの過程を無視して、学校に戻したい一心から何らかの刺激を与え続けると、「心の傷」は癒えるどころかますます深くなり、さらに新しい傷を形成することもありうると考えられるのです。

とはいっても「心の傷」を理解するのは決して簡単ではありませんから、今度は直接目には見えない脚の骨の骨折に例えてみましょう。一応の治療が終わってリハビリに入る訳ですが一日も早く学校に戻そうとして、充分に骨がつながっていないのに歩かせようとするケースがそれに似ています。無理を犯してさらに複雑な骨折が起き、一層強い痛みに苦しむようになる状態に似ているからです。

以下に示すのは松本先生の結論ですが、それを読んだとき、松本先生の視野の広さと確かさに本当の臨床的な研究の専門性を感じて深く納得すると同時に、先生の知見からさらに学ぶ必要があると思いました。その結論は次の通りです。

(2) 松本氏が提示した三つの結論

松本氏が提示した結論は次の三つでした

・不登校支援の目的を「学校復帰」と考えることは誤りである
・「無理に登校させようとすると自殺する」と見るのは短絡的である
・「不登校は子どもが生き延びる戦略」で、ときに必要なものである

この三つの結論について、一つひとつ私の感想を述べてみたいと思います。

不登校支援の目的を「学校復帰」と考えることは誤りである

これが、精神科が専門で、しかも薬物依存と自殺という直接命に関わる事例について研究して来られた先生の一つ目の結論です。私はこの指摘は非常に重要であり、親と教師はもちろん教育行政に関わる全ての人が謙虚に学ぶ必要があるものだと思いました。「不登

校支援の目的を学校復帰に置くのは正しくない」ということを知識としては知っていながら、教育関係者にはそれを理解し納得するのが非常に難しいという現実があるからです。それは心の傷の表出という視点を欠いたまま不登校に対処しようとするからですが、それ故に子どもの命に関わる事実として臨床的な精神医学の研究から導き出したこの結論に学ぶことが重要だと思うのです。教育関係者が、〝子どもの「心の傷」〟により深く関心を持ち、不登校を「三〇日以上の長期欠席をしており、そのために学びが遅れている児童生徒」と捉えることを卒業して、長期欠席をせざるを得ない子どもの「心の傷」を命に関わる問題として理解するきっかけにして欲しいと願わずにいられないのです。

「無理に登校させようとすると自殺する」と見るのは短絡的である

二つ目の結論は、不登校を短期間で終わらせ学校に復帰させようとする考え方は、子どもの心を無視した発想の延長に過ぎず、親や教師のそうした一方的な発想に応える子どもの内面では、大人の思いへの忖度と自己の抑圧による葛藤が強まることにこそ注目すべきだという指摘だと考えます。つまり学校への早期復帰という働きかけの背後にある子どもの心に対する無関心の克服と、それに向けた親たちへの支援こそが重要な課題であり、それに注目する取り組みが重要であるという意味が含まれていると思います。
そのように捉えることで、三つ目の結論の重要性が際立ってくると考えられるのです。

「不登校は子どもが生き延びる戦略」で、「ときに必要なもの」

三つ目の結論にはまず、不登校は命に関わる程の苦しみを表出する子どもの状態であるという大前提があります。実際に不登校になる子どもの中には、「心の傷みをこのまま抱え続けたら心の病気になるかも」というところまで耐えてきたケースが少なくありません。だから不登校の子どもたちには、朝、起きようとしても起きられないほどの金縛り状態に陥る子どもが多いのです。周囲の大人が見れば、それは病気ではないかと思うような姿です。

そしてその姿と自殺に及んだケースを重ねて考えると、「学校に行けないという子どもの姿は生き延びるための本能的な戦略であり得る」と捉え、命の問題であるという認識を持つ必要がある、という指摘に繋がっているのです。それゆえに子どもにとって「不登校はときに必要なものである」と捉えることが重要になる訳です。

そして松本氏は第三の結論に次のような言葉を添えています。「子どもの『学校に行きたくない』には重大な意味があり得る」という言葉です。

子どもが不登校になったとき親が、心の中で早く学校に戻ってほしいと願うことが間違いなのではありません。けれども、子どもを早く学校に戻そうと思うために、学校復帰にウエイトが置かれてしまい、子どもの心が置き去りにされると、死ぬほどの苦しみに追いやってしまう場合があるということです。その上で学校復帰を第一の目的にすることは控えて、不登校は生き延びたいと思う深層の意識が表れた姿だと理解することこそが、大事な結論になるのだと私は思います。

(3) 松本氏の研究に学ぶ教訓―親を支援することの重要性―

不登校支援において最も大切なこと

そこで松本氏の調査研究の結果から、不登校支援にとって第一に大切なことは何かを考えて見ました。それは親を支援することだと私は考えています。登校しぶりを始めた子や不登校のわが子の傍にいて、誰よりも悩み苦しみ不安に思うのは親ですが、その親が先の三つの結論を知ることが何よりも大切なことだと考えるからです。生活を共にする親が子どもを支える上で重要なことを知るのが早ければ早いほど、登校刺激は避け易くなるでしょうし、子どもは親との対話を通して、やがて「心の傷」を癒していけるようになるからです。しかもその変化を通して親は子どもの「育ちなおす力」を心から信じることができるようになると思うからです。

われわれ不登校相談員がその仕事の中で切に思うのは、不登校の場合は子どもの親を支えることが非常に大事だということです。子どもがカウンセラーに話をしたいと言い出したら、親が信頼できると感じるカウンセラーに申し込んで機会を作れば良いのです。カウンセラーは、対話によって親を支えつつ親から既に聴いている話をベースにしながらも本人の話を予断を排して聴き続ける人ですが、カウンセラーとの間に信頼関係が築かれると、子どもは次第に何が辛く苦しいのかを語り始めます。プライバシーは守りながら子どもの話の意味を親に伝えていくことで、不登校には深い意味があり、時には必要なことだということが親にもわかってくるはずです。そうした親の変化を通して、子どもは自分が間違ったことや異常なことをしているわけではなく、自分にとって必要なことをしていることがわかってきます。そして少しずつ「心の傷」が癒えて、自分の将来を考えることができるようになり、もう大丈夫と思える時が必ずやってきますが、それは子どもの顔が本当に明るくなることでわかることなのです。

ここで強調したいのは、子どもの「心の傷」を癒す上でカウンセラー以上に重要なのは、むしろ、日常的な生活の中で築き直される親と子の関係であり、それこそ子どもの「心の傷」を癒す大きな力を持っているという点です。より詳しく言えば、親と子の関係の変化をサポートするのがカウンセラーであり、その変化を促進するのが親同士で支え合う親の会です。親の会は日常的な交流による支え合いが可能ですから、それが非常に大きな意味と役割を持つことはいくら強調してもし過ぎることはありません。

不登校の初期は特に苦悩が深く慎重なケアが必要（ありのままの受容）

不登校の初期は子どもの苦悩が特に深い時なので、慎重な上にも慎重なケアが必要です。しかも親もまた混乱しておりそのケアができるようになるまでの親の支援が特に大切なのです。親はカウンセラーにありのままの自分を受け入れてもらうと緊張が解け、どんな話でもできるようになりますが、カウンセラーはそれを評価も助言もせずに聴き取り「話してくれてありがとう」と応じながら、子どもの苦しみについて気づいたことをコメントします。その対話を通して、親は聴くということの意味と姿勢への理解を深めることができるのです。

そういう体験を互いに出し合い支え合っているのが親の会です。そこで時々聞かれる親たちの話の中には「この前、子どもの話を聴きながら自分の言いたいことは全部飲み込んで最後まで聴いたの、最後はありがとうって言えたんだけど、言いたいことを飲み込んで聴き続けるのが辛かった」という話があります。親の会は自分の葛藤を吐き出す場でもあり、それへの共感的な受け止めを体験できる大切な場でもあるのです。

不登校の親が最初に相談する人（教師とSC）の力量の重要性

しかし現実には、子どもの不登校に悩む親が最初に相談するのは学校、すなわち教師です。教師は教育のプロだから、不登校についても何か大事な助言をして頂けるのではないかと親は期待して相談するのです。でも教師は子どもの学習についての評価と指導の専門家ではあっても心の傷を負った子どものケアの専門家ではありません。当然のことですが、ここには親の期待と教師の専門性のズレがあります。

教師は子どもの全てを知る専門家ではありませんから、子どもの心理を理解し、親を支える力量を持つべきだと言って批判するのは正しくありません。そうではなくて、不登校は子どもの「心の傷」の表れであり、「心の傷」こそが様々な行動や言葉の直接の原因であることを教師は理解すべきだと言いたいのです。そして親の話を聴き取り受け止めた上で、カウンセラーの力を借りながら子どもの「心の傷」への理解を深め、子どもを一緒に支えていく姿勢を示すことが大切だと言いたいのです。しかし親の会で聴く親たちの話からは、カウンセラーの専門性と連携して子どもを守る専門性を発揮する教師の姿に出会うことが、残念ながら非常に少ないのが現実です。

ここで大切なのは親の願いと教師の専門性とのズレを埋めることですが、そのためには教師にもっとゆとりがなければなりませんし、SCやSSW（スクールソーシャルワーカー）の配置が極めて不十分であることも指摘して置かなければなりません。つまり不登校の初期段階に、子どもと親を支える仕組みの重要性への着目が今日の多くの学校にはほとんどないということです。

「大丈夫」と思えるような親の存在の重要性

先程紹介した松本先生の文章の中に、「大丈夫」と思える親の存在こそが大切だと述べている箇所があります。そのことについてまだ触れていませんので、改めて松本先生の文章をご紹介しておきたいと思います。

「親が大丈夫というサインを出すことは子どもの安心につながる大切なことです。何故なら、親が大丈夫と思っていないときのオーラというものは子どもにビンビンと伝わっていますし、それによって子どもはさらに追い詰められてしまうことがあるからです。まずは親自身が大丈夫と思えるようになることがとても大事です」

不登校の子どもが自分の心の中に抱える葛藤には、「こんな自分は生きていていいんだろうか」「親に迷惑をかける自分なんか生まれてこない方が良かったんじゃないだろうか」などがあり、叫び出だしたいような思いでいることが少なくありません。でも、少し落ち着いてちゃんと悩むことができるのは、雑音が入らない夜中です。昼夜逆転と言われますが、不安と葛藤で眠れぬ夜を過ごすうちに、夜中ならばかなり集中して音楽を聴き、ドラマを鑑賞し、集中して考えることができることを体験するのだと思います。

ですから、不登校を理解し受け入れるというとき、昼夜逆転にも意味があることを知る必要があります。そのときこそ、子ども自身にとっては自分と向き合い音楽やドラマに集中できる時間だからです。子どもは昼間のテレビを全部録画して、夜中にイヤホンをして聴いていたりします。「その時初めてテレビを観られる」と言う子どももいます。昼間にはテレビがついて見ていても観てはいない。もしも誰かが学校に行こうなんて誘いに来たら、さっと自分の部屋に逃げ込めるように、いつも緊張して逃げの構えをしながらテレビを見ているからです。昼間は誰が来るかわからないから、本当に観たかった番組はちゃんと録画して夜中に見ると言います。

不登校をしているときの子どもは通常よりずっと敏感ですから、昼間は色々な雑音が頭の中に響き、親などの視線やオーラが感じられるからではないかと思います。ですから昼夜逆転にも深い意味があることに気づかず、「せめて生活リズムだけはちゃんとしましょう」と言って、すべての昼夜逆転を否定する助言は、ケアとは正反対の指導的な関わりをしていることに他ならず、子どものありのままを否定することに繋がります。そういう状況の中では、子どもは自分の感じている辛さについて聴いて欲しいという気持ちにはなかなかなれずその言語化が遠のきます。自分のありのままを否定されるということは、存在を否定されるということになるからです。だから、自分自身でさえ受け入れ難い不登校状態の自分を他人から否定された時は、この世から消えてしまいたいほどの衝動に駆られる時なのです。そこの理解こそがとても大事なことです。

それと同じ意味で親としては、大丈夫と思えない時に出るオーラを克服する必要があります。その努力に支えられて家の中で脱力ができ「心の傷」が癒えていくと、子どもは昼間にテレビを観られるようになり、ちゃんと自分の力で昼夜逆転を越え自分らしく歩きはじめます。だからオーラの克服とは、「大丈夫だよ」と子どもの育つ力を信じられるようになることです。私は子どもの持つこの力を「育ちなおしの力」と名付けました。私の専門はその研究です。不登校になって、外から見ている限りではもう立ちなおれないんじゃないかと思える子どもも、実は立ちなおる力を持っています。「心の傷」を癒し、瘡蓋が全部取れて、もう痒くもない、そういう状態になったら子どもは動かずにはいられません。子どもは友だちと遊びたいのです。できることなら学校にも戻りたいと思っています。「心の傷」が癒えてくるとやがてその気持ちが強くなって、「○○君と遊びたいな」、「ちょっとコンビニまで買い物に行ってこようかな」などと言いますが、それは意識が外に向き始めたことを示しています。

これが子どもの育ちなおす力の表れです。その力を信じて大丈夫、そう思える親になってほしいと願っています。松本俊彦先生の文章を読ませていただきながら、考えたことです。

3. わが子の「不登校」に直面して親たちが考える本質的な問題

「原因を探すことは何故だめなんですか。『寄り添う』って何をどうすることですか」

この質問をして下さった方は、東京で行ったある講演会のチラシを見て、そこに書いてあった言葉とご自分の思いを重ねて正直に質問して下さいました。そのチラシに書いてあったのは「原因を探すのではなく、寄り添ってみませんか」という言葉だったのです。

「原因を知りたいと思うのは駄目なんですか?」と問い、子どもが「理由も言わず、黙り込みます。寄り添うって何ですか?」と率直に尋ねて下さったのです。

(1) 原因を探すことはなぜだめなのか—原因と要因の区別を考える—

大変本質的な質問だと思いました。というのは、原因を知りたいと考えるのは誰かという主語が問題になるからです。この場合もちろんその主語は子どもではなく親ですし、その意味は子どもの心ではなく原因という名の責任の所在への関心が中心になっていることが非常に多いということです。殆どの親は原因を知って自分自身が納得したいと思っています。そして「原因がわかれば、解決の方法がわかるんじゃないか」と考えています。だからどうしても原因を知りたいと考えるのです。

でも、残念ながら不登校の原因はすぐにわかるほど簡単なものではありません。いじめがあったから不登校になった子ももちろんいますし、友だちとの間で何かトラブルがあったり、教師からの叱責や思わぬ体罰によってショックを受けて学校に行けなくなる子もいます。そういう直接的な加害的言動で心に傷をうけたケースでも、当事者である子どもはそれを語ろうとしないケースが多いのです。話した後の親や友人たちの反応も気になるし、それによる仕返しも怖い。それにストレスによる痛みを我慢できなかった自分が惨めになるだけだと感じることも少なくないからだと思われます。原因を知りたいという親の意識が主になると、こうした子どもの思いを考えるゆとりがなくなり、怒りと緊張で張り詰めた親の姿が、心ならずも子どもをさらに傷つけてしまう場合が少なくないのです。

しかも親や教師の皆さんに知って頂きたいのは、子どもにとっての辛さは直接的な原因よりも構造的な要因とその背景を成す周囲の反応のプレッシャーから感じるものの方が圧倒的に多いということです。その構造は競争や管理あるいは評価や指導などと呼ばれるものであり、教師や友だちとの関係そして親と子の関係の性質を規定しているものなので、何が子どもにとって苦痛の要因だったのかを一義的に語ることは難しいのです。カウンセラーが子どもの話をじっくり聴いても、これが要因だったと明確にわかるケースは決して多くはありません。子ども自身にも要因はもちろん直接的な原因もわからないために、親がいくら尋ねても何も言わず黙り込み、心の中で問い詰められることへの反発が強まり、一時的ですが親子関係が悪化するケースが少なくないのです。

それに加えて原因や要因は不明でも親も子どももはっきり感じていることが一つあります。それは不登校になった子どもは心に傷を負って苦しんでいる場合が非常に多いという事実です。しかも原因や要因を追求する時の親の眼差しはもっぱら「過去」の出来事に向いていますが、「心の傷」は「身体の傷」と同様に、痛み、苦しみとして子どもが「現在」感じているものです。家の中で大声を出したり、物に当たったり投げたり、親に向かって暴力をふるったり、あるいは頭痛や腹痛などの症状を呈したりするのは、既に説明したとおり、表出され可視化された現在の「心の傷」の姿です。つまり夜は眠れず朝は起きられず学校に行こうとしても行けない状態を引き出す本当の原因は「心の傷」です。そして心に傷を負わせたものは原因ではなく要因だという区別した表記もまた必要なのではないかと思います。この区別ができると原因の除去は「心の傷」を癒すことで、それこそが大切であることがわかるからです。そして親が原因という名で要因を追及することは、子どもにとっては思い出したくもない「過去」のトラブルや出来事を思い起こさせ、話させようとすることを意味します。しかしそれは痛み、苦しみとして感じられるのに言葉にはならずに、不登校状態にある子どもの「現在」の心への無関心を意味することになり易いのです。現在の痛みと苦しみをわかってほしいという子どもと親とのこのズレがまた、子どもの心にとって親に対する新たな不信の要因になり、それこそ親に対する反抗の原因にもなり得ることを知る必要があるのです。

こうして不安や迷いの中で原因という名で要因の追及を続けてしまい、子どもから訳のわからぬ暴力を振るわれた母親がいました。しかも親への不信が昂じて恨みのような気持ちになると、「お前が俺をこうしたんだ」と怒鳴り、子どもにとって親がまるで敵ででもあるかのように、思わず母親の顔にこぶしが向いてしまうこともあるのです。

この母親のケースもそうでしたが、子どもからの暴力という辛い体験をした後でカウンセラーとの対話を通して比較的早い段階で母親が学び、子どもの行為の意味がわかり、自分の気持ちを整理することができたために、子どもとの関係がこじれるのを防ぐことができたのです。なぜなら対話と学びによって心の痛みに気づき、変化した親の態度とオーラを子どもは敏感に感じ取るからです。そうして親子関係は次第に修復されていき、子どもは穏やかさを取り戻すことができたのです。

このケースからもおわかりのように過去に遡る要因探しでは辿り着けない現在必要な親子関係への気づきは、子どもの「心の傷」を癒し元気を回復していく上で何よりも重要な子どもへの支援です。すでにお話したようにカウンセラーの仕事は、来談者の話を共感的に聴き取り、その上で対話を重ねていくことですが、二四時間の生活の中で子どもに直接関わる支援はカウンセラーではなく母親にしかできないことだからです。

⑵「寄り添う」とはどういうことか

不安と苦悩を抱えた子どもを支える上で母親ほど大切な人はいません。少なくとも不登校の問題で相談に来られた親の相談に応ずる場合、この認識がない人は不登校問題のカウンセラーとしては相応しくないといえます。親は、親だから迷うのです。「子どものため」と思って迷った末に様々な過ちも冒しますし、判断のミスも少なくないでしょう。でも、相談と学び合いを通して本当の「子どものため」は何かが次第にわかってくると、親は本当に深い反省をして変わり始めます。臨床的経験から言えば特に母親は、自分が子どもに対して言ってきたことやしてきたことを自分自身の過去に遡っていろいろと考え、反省してくれます。子どもの一番身近にいる人としての母親の大切さを私はつくづくと感じています。

では、寄り添うということはどういうことでしょうか？　今までの話の中で大分触れてきましたが、ここであらためて「寄り添う」ということについて二つの点から考えてみます。

子どもの話に関心を持って聴き取ること

第一は、既に何度も触れてきたことですが、子どもの話を真剣に聴く＝聴き取るということです。何故ならそれは子どもの現在の状態には全て意味があるからです。暴力をふるうのにも意味がある。罵詈雑言にも意味がある。昼夜逆転にも意味がある。自傷行為にも意味がありました。暴力や昼夜逆転という状態は言葉にならない子どもたちの心の声の表出でした。子どもの声を聴くというのは言葉を聞くだけではなく、言葉にならず行動になって表れる心の声を聴き取ることでもあります。

そしてそれらの声の意味を親と一緒に聴き取り、読み取るために我々カウンセラーがいます。子どもの言動という状態の意味がわかるようになると、その思いを大切にしようとして子どもに少し近づいたり、ちょっと距離を取ったり、あるいは見ても見ないふりをしたりしながら、子どもの心への理解を少しずつ深めていくことができるようになります。子どもの「心の傷」に関心を持つということは、子どもの言葉と心の声に関心を持つということです。

子どもの言葉を最後まで傾聴し「伝えてくれてありがとう」と感じることができ、子どもの暴言に対してさえ、「他でもない私に対してこの子は心の声を伝えようとシグナルを出している」と捉えることができるようになる。それが寄り添うことの基本だと思います。だから荒れているように見えた子どもの状態が、この聴く＝聴き取る人の存在を通して次第に穏やかになっていくのですが、それを示す幾多の事例は、母親の変化から始まる子どもに寄り添うことの大切さを物語っているのだと思います。

母親と父親で異なる「寄り添い」に至るプロセス

子どもに寄り添うために、多くの母親たちは「原因探し」という回り道をしてきました。過去との関係で現在が理解できると思い、原因がわかれば対応の方法がわかると思ってきたのです。ところが家族にとって大切なもう一人の大人である父親は、それとは違う回り道をしています。つまりそれは将来からの引き算、つまり将来のためにある現在として子どもの状態を考える傾向があるということです。

その現実に触れて、父親は子どもの現状に寄り添うことがなかなか難しいという人もいます。その逆に父親の中には母親以上に子どもの現在に関心を持って話を聴ける人も希にはいます。しかし不登校の子どもを持つ親を、敢えて母親と父親とに区別してその意識を調べると、母親が過去の子育てから現在の子どもを見る傾向があるのに比して、父親は社会人になる将来の姿から子どもの現在を評価する傾向があることがわかるというのです。たしかに父親の場合は、自ら相談に来るケースが非常に少ないのですが、来られたケースの場合でも、子どもに将来求められるはずの能力＝学力と社会的能力が、不登校によって停滞し、低下することへの心配を口にする場合が多く、そこからストレートに学校復帰を子どもに求め、実力行使をするケースが多いのも事実です。

特に子どもが男の子の場合には、将来、仕事を通して社会的自立を遂げ、家庭を築くことができるかどうかを基準とし、その視点から父親は、登校をせず授業を受けていない子どもの現在を問題視するのです。だから不登校状態にある現在を否定的に評価し、なぜ不登校をせざるを得ないのかを考えようとはしません。そして、不登校状態から脱出させる方法（マニュアル）に最大の関心がある人が多いということができます。もちろんそれは子どものことを心配してのことなのですが、父親が子どもに寄り添えるようになる道筋が、母親とは大きく異なる場合が多いと知っておくことは母親にとっても父親にとっても必要です。それを知らないことで夫婦の関係が非常に厳しくなるケースが少なくないからです。その克服についての事例と意味そして捉え方は第四章で触れますが、その厳しさが醸し出す家庭内の緊張した空気によって、子どもがわが身を削るほどの傷みを感じる場合も少なくありません。そういう場合には信頼できるカウンセラーに夫婦で相談に行き家族カウンセリングを受けることをお勧めしています。その相談を受ける決断を父親がしてくれたことで、関係の改善に歩み出した両親から受け入れられ、寄り添われるようになってわが道を歩み始めた子どもも最近は増え始めています。

親と子の相互の受け入れ合いとしての「寄り添い」

不登校の子どもに寄り添うということの意味は、過去から現在を見たり将来から現在を見たりしがちな親が、その思いをすべて封印して、現在この子が何を恐れ、何を苦しんでいるのかに焦点を当てて、丁寧に話を聴き、言動が示唆する心の声を聴き取って理解しようとする姿勢で子どもに接することです。そのことの大切さは、親の会で出会った信頼できる仲間とともに互いの話を聴きながら、共感し合うことを通してわかるようになります。そうすると子どもは、自分のことを親は知ろうとしてくれている、ありのままを受け入れようとしていると感じるようになりますが、そのような時こそ親が寄り添っている時ということができるのだと思います。

しかしよく考えてみるとそれは親が寄り添うという表現よりも、むしろ、「心の傷」に苦しむ子どもから受け入れてもらえる親に変わったというべきではないかとも感じています。今まで時々「子どもを受け入れる」と言ってきましたが、一番大切なのは、「心の傷」による苦しみを抱えた「子どもから受け入れられる」ことだと思うのです。それは子どもと共に苦しんだ親が学ぶことを通して気づき、その気づきに伴う親の変化によって親子関係が変わることといって良いかもしれません。皆さんからいただいた質問への答を探しながら、私はそのことに気づくことができました。

第2章

子どもの心が傷つく要因とは

—子どもの育ちと公教育の変質—

1. 子どもの言葉に表れた「心の傷」

(1) 電話相談に寄せられる子どもたちの声から

前の章で取り上げた子どもの「心の傷」について、改めて子どもたち自身の声を聴くところから考えていきたいと思います。コロナ禍の中でも自殺防止センターやチャイルドラインという子どもの電話相談には、様々な子どもたちの声が直接届けられています。最近私はその電話相談を受ける方々の研修会に呼んでいただきましたが、その研修会に参加された電話相談の聴き手の皆さんから、彼らが直接電話を通して聞いた子どもの声のいくつかを教えて頂きました。その中から強く印象に残った言葉を紹介してみたいと思います。

「心を殺さない学校が欲しい」―私のままではいられない―

その中に「心を殺さない学校が欲しい」という子どもの声がありました。「学校にいる

と、自分のままではいられない」と別の言葉で表現する子どももいますが、学校でよい子を演じている子どもたちの声の一つだと思われます。

実はこれとほぼ同じ言葉を私自身も目にしたことがありました。ある親の会主催の講演会に招かれていったとき、会場の受付近くの壁に貼られた大きな紙に子どもたちが書いて貼りつけた付せんの一枚に書かれていた言葉でした。

先生からの評価と指導が気になって仮面をかぶり、友だちといるときは別の仮面をかぶって自分の本心を押し殺しながら調子を合わせてきた子どもたちの声です。変な奴だと思われやしないか、排除されるのではないかという緊張感があり、自分のままではいられないストレスを抱えているのだと思います。それは結構きついことです。例えば第一章に示したように三十万人の不登校というデータの中には、「誰にも相談しない（できない）子どもたち」が約十一万四千人もいるという数字が示されていました。十一万人という子どもたちの中には自分の正直な気持ちを出せずに違和感を抱え緊張している子どもが、決して少なくないと思えるのです。

自分の不安や辛さを誰かに相談するというのは、ありのままの自分を自分の言葉で伝えることですから、いじめが身近にもある学校の中でそれをすることはかなり危ないことだと子どもたちは感じているのではないでしょうか。だから、先生に声を掛けられた時に仮面をつけるという実感だけでなく、友だちの輪の中に居ても仮面をかぶらないと不安なのだと思います。友だちとの関係が互いの違いを認め合う関係ではなく、身の安全を守るために誰かの気持ちを忖度せずには居られない緊張を抱えた関係なのだと思います。電話を通して「心を殺さない学校が欲しい」という子どもの声には、そうした不安の思いも表れているのではないかと思われるのです。

「もう終わりにしたい」―評価と序列は命より大切だから―

「もう終わりにしたい」という声もありました。これと同じ声は新聞にも紹介されていましたし最近かなりの多くの子どもから聞くようになっています。電話相談でそれを聴いた聴き手の人たちは「何故そう思うのか」と問い詰めたり、そのように考えるのはやめた方が良いと説得したりするのではなく、「もう終わりにしたいって思うんだね」と共感し、「とても辛そうだけど、よく電話をかけてくれたね」と受け止めながら、「その気持ちをもう少し詳しく話してもらえないかな」と自分の気持ちの言語化を促したりするのです。子どもの話が続き、対話的な関係が築かれるようになったら「終わりにしたい」という言葉の意味と背景に関心を持ちながら問いかけ、その心をしっかりと受け止める姿勢を貫くことが大切だと確認し合っていました。そして、子どもがもっと話したそうだったら、その言葉の意味を理解するために「話せることがあったらもっと話してもいいんだよ」と伝えながら丁寧に聴き続けるのです。そうすると子どもは少しずつ話してくれるそうです。

それらの話からわかるのは、今日の学校で学ぶ子どもたちにとって評価（成績）と序列は何よりも大事だということです。またその内容は不登校で相談に来る親や子どもの話を聴いていてわかることと重なっています。評価と序列は子どもの将来を決める命よりも大事なことだと思わされているのです。良い評価、高い序列、それを守っていかないと、生きる意味がなくなってしまうかのようです。

特に最近多く耳にするのは中高一貫校を受験して合格した後に不登校になった中学生のケースです。入学してみたら、小学校時代にみんなから「できる」と言われていた自分の成績が下がって、心の居場所がなくなっているケースが増えています。校内の序列は見る影もなくなり、友だちからの評価や眼差しももかつてのような特別なものではなくなっている。その状況にプライドが傷つき、子ども自身は生きている値打ちがないと感じてしまう。それもまた「もう終わりにしたい」という言葉の意味と重なって聞こえるのです。

「自分がわからない」—「人からどう思われるか」ばかり気になる—

さらに「自分がわからない」という声もあります。それは気になる他人からどう思われるかで頭が一杯になり、いつもその人の想いを忖度して行動してしまう、子ども自身の自己不在への気づきと迷いの言葉です。本当に自分がやってみたいこと、言いたいこと、そういうことのほとんど全てを自分の中で抑圧し、親の意思や学校のルールに従って生きてきた「よい子」です。それは自分が何をしたいかが自分にもわからないという迷いと不安に気づいた虚ろな気持ちの表現であり、自己喪失の苦悩の表出でもあると考えられます。

その背景として最近特に気になるのは、将来「勝ち組」になるために現在を犠牲にして学習することを「子どものため」と信じて求める家庭（親）と学校（教師）そして社会（塾）の空気の強まりです。その価値観を内面化し、それに従順に従ってきた自分に疑問を感じて、自己喪失の苦悩を端的に表すようになった子どもが増えているのではないかと思います。最近のマスコミには中学を受験した小学生の三人に二人が、第一志望校の受験で不合格になっているという記事も見られます。その中に「親の期待を裏切った、ダメな子」と思い詰め、頑張れなかったダメな自分として、自分を責めずにはいられない子どもがいることは想像に難くないでしょう。

「受験で決まる僕たちの将来。受験に失敗すれば『負け組』になる」と率直に不安を口にする子もいます。いつのころからか日本の中に「勝ち組」「負け組」という言葉がはびこり始めました。子どもに聞かせたくない下品な言葉ですが、こういう言葉を塾の教師や父親から直接投げつけられて、心が引き裂かれている子どもがいるのも事実です。「僕、負け組になるの?」も大変な不安を表す自傷的な言葉ですが、その言葉で「心の傷」をかきむしりながら、「自分がわからない」と電話してくる小六や中一、高一の子どもたちが増えています。このような子どもたちの声は、心理社会的ストレッサーに傷つけられた今日の子どもたちの心を示す代表的なものに他なりません。

子どもたちが自殺防止センターやチャイルドラインに電話をかけてくれるのは、匿名でもいいし、自分の名前を言わなくてもいいからだと考えられています。つまり自分から電話をかけ、自分から電話が切れる。自分が主導権を握っていられる相談機関だからです。そこで話を聴いてくれそうな雰囲気が伝わってきたら、子どもはさらに話してくれるわけです。そういう子どもたちの周囲には、話を正面から聞いてくれる大人が存在しないかのようです。

電話の聴き手の研修を受けた人たちは、子どもからの電話を受けたときの最初の一声を緊張して聴き取っています。子どもたちが重い話を始めたときに、決してそれを問い詰めることはせず、「今話せることがあったら、もっと話してもいいんだよ」と語りかけつつ言葉を繋いでいくのです。話を繋いでいくと、子どもは、自分の中に詰まっていたものを吐き出すように、いま紹介したような思いをポツリポツリと語り始めるのです。

それは「心の傷」が表に出る瞬間であり、「表出」に他なりません。表現は意図して出すものですが、表出は自ずと出てしまうものです。これを伝えようと思い意図して選んで出す言葉は、その時点での表現です。そうではなくて、自分の本音が表に出てしまう。その表出が聴かれる関係こそが、電話相談を含めて本当の相談（カウンセリング）なのだと私は思っています。

後でもまた触れますが、子どもたちの電話相談についての経験を聞きながら、「不登校は命の問題だ」と考えてきた私自身の思いを振り返ってみました。不登校は長期間学校に行かない、行けない子どもの問題だと認識されています。しかし不登校の相談会で親たちから頻繁に紹介される子どもたちの表現と、子どもたちから思わず漏れ出た表出の言葉から類推していくと、見えてくるものがあります。それは今日、かなりの割合で評価や序列の上昇を求められ、そしてよい子として偽りの自己を演じることを求められて葛藤している子どもたちからのメッセージだと思われるのです。

⑵「学校が怖い」のはなぜか―中学受験の過熱と「教育虐待」の増加―

恐怖感の中身

「学校が怖い」と訴えて不登校になる子どもが増えています。クラスには訳のわからない校則とそれに逆らうように動きまわる友だちがいます。無秩序な状態になった教室に響きわたる教師の大声、その子どもが怖いのは友だちのことでだけはなく、そういう学校の現状です。もちろんその中で、先生の話を聞きながら「何とかならないか」と思い、頑張っている子どももいます。そういう子どもたちの中にはクラスの様子を気にしながら、自分はいったいどうしたらいいのだろうかと悩んでいる子がいますし、何もできない自分と大声を出して注意するだけで有効な手だてを打ってくれない先生に失望して、次第に朝起きられなくなり、不登校になる子どもがいます。私が出会ったF子さん（小六）はそういう子どもでした。

彼女は「このクラス、どうしたらもっと落ちつくんだろう」「何か私にできることはないんだろうか」「でも、何か言って目立てばいじめられるかもしれない」などと考え、そのうちに先生に対してだけでなく友だちに対してさえ不信感を抱くようになったそうです。そういうF子さんの葛藤と悩みを聞いたとき、私はその話を共感して聞きながら、友だちにも不信を感じた彼女の孤独感にどう向き合えばいいのか、その難しさも感じていました。そして「学校が怖い」という彼女の言葉の意味は、授業中に騒ぎまわる友だちの声とそれを静めようとして叫んでしまう先生の大声に対する恐怖感だけではないと思ったのです。何とかしたいと思いながら、クラスの中で孤立してしまい、居場所を失っていきそうなことへの怖さを感じて、何もできない自分への苛立ちをも投影しているのではないかと思ったのです。試験に追われ、ゆとりを奪われた教育と教師を生み出す教育政策の一つの結果がここに表れています。

先生たちの大変さや忙しさについてもF子さんに伝えたいと考えてしまう私自身がいました。クラスをしっとり落ち着いた秩序あるクラスにする上で本当に大事なのは、子どもだけでなく先生にもゆとりを持ってもらえることが大事だと伝えたくなったのです。でもそれは勇気を出して相談に来てくれたF子さんの現在の葛藤と悩みに共感して寄り添うことにはなりません。それに気づいて改めて彼女の言葉に耳を傾けつづけるのです。

もしも文科省が今検討を始めている少人数クラスがすぐに実現ができたら、それだけでも少しゆとりが生まれ、子どもたちが通っている学校は、「何だか少し楽しくなった」と思える場所になる可能性があります。「学校が怖い」という子どもたちの声の裏側には、競争と管理、そしてスタンダード化されたマニュアル的授業による詰め込みと多忙という、厳しい学校の現状に悩みながら実践している教師の姿とそれに対する子どもたちの失望が渦巻いていると言っていいからです。

「子ども時代」を奪う中学受験の現実

中高一貫校を約五〇〇校認めようとする学校教育法の「改訂」が行われてから二十六年が過ぎました。義務教育制度の中にエリート選別の仕組みを持ちこむこの制度で、公立私立の一貫校が増えつづけています。十五年前くらいから、中学受験の競争が本格化し、それに伴う教育虐待が社会問題になってきました。わが子を勝ち組に入れようとする一部の親の過熱が子どもへの圧力をさらに強めさせているのです。

教育虐待を体験した子どもたちは、成長して思春期真っ只中を迎えた頃から「自己の不在」に気づき、勝ち負けへのこだわりを越えられずに苦しむケースが多いと言われています。教育の専門家として、子どもの育ちを大切にしている小学校の先生や保育士の皆さんはこう言われます。「遊びは子どもの主食です」と。子ども時代に充分に「主食」を味わってこそ興味・関心や夢が育ち意欲的な生活の主体になり得ますし、そうなってこそ厳しい勉強も意味を持つということです。自分がこれをしてみたい、学んでみたいという主体的な目標を手にするのは、子ども時代の遊びと社会的、文化的な体験を通して可能になるからです。大学に行ってからも学び続けることができるのは、その目標があってこそだということができます。

もちろん子どもの教育にとって将来の進路に関するいろいろな選択肢があるのは良いことですが、大切なのはその選択肢がその子の関心や夢に合った選択かどうかです。中高一貫校の受験を目指すことが良いとか悪いとかということでもありません。わが子の個性に無関心で、とにかく偏差値と序列を基準にして、世間でいう「いい高校」、「いい大学」に入れようという、学びの主体である子どもの気持ち抜きの「選択」を押し付けることは、教育というより教育虐待的対応になり易いということです。

二神能基さんという方がいます。中高一貫校に入ることに伴う困難という自分自身の体験を基にして、子ども時代が奪われるような教育虐待の中で育ち、ひきこもりになった若者たちの世話をしている人です。彼は『暴力は親に向かう』（新潮文庫）という本を書いています。その中に二神さんは自分自身が経験した中学時代の出来事を書いています。

「私が中学一年の学期末。先生から手渡された成績表を見てワッと泣き出すクラスメイトがいました。彼は小学校でずっと一番をとってきたような子です。それまでは『神童』と言われて育ったような子。その子が、いきなりクラスで三〇番になってしまった。同じような『神童』が集まるクラスですから、そんな子ができてしまうのは当然のことです。しかし彼は、そうは思えなかった。『勝ち組』から『負け組』に一気に転落した気がしたのでしょう。それまで彼のプライドを支えていたものが、成績表を見た瞬間もろくも崩れ去ってしまったのです。その数字を目にしたとき、彼の脳裏にはずっと一番であることを期待する母親の顔が、浮かんだのだと思います」と。

そして「中学一年生の初めに一二〇人いた同級生が、高校二年生の終わりごろには九〇人になっていました。途中の五年間で三〇人もやめていたのです。それでも人気の進学校でしたから、生徒は絶えず転入し、卒業の時には同じ一二〇人になっていました」とも書いています。だから一貫校では不登校はゼロになるのです。やめていった生徒は不登校ではなく、転校または退学という扱いになるからです。途中で三〇人もの生徒が「この学校には合わない」生徒として退学していますが、その生徒たちの行動の意味を誰が問うてくれるのでしょうか。しかしこれと同じような状況は、あちこちの有名進学校では「普通」のこととして続いているのです。

一人ひとりの子どもの人生より進学実績をブランディングとして重視する学校の場合、成績が下位になり、意欲を失ったかのように混乱して不登校になった子どもはやがて自然現象のように退学し転校していくのでしょう。退学するのは本人の意思であり、その選択は自己責任で済ませられていくのです。

二神さんは、非教育的な家庭教育の現実を詳しく書いてくれていますが、それは家庭教育における「子どものため」の選択が本来の家庭教育の目的から外れていく姿であり、競争的教育制度の影響力の強さを示すエピソードになっています。

子どもの個性を見抜くには子どもと一緒に生活する時間が必要です。親にとっては子どもとともに家族で過ごす時間の価値はまさにここにあるということができます。ところが、子どもの将来のためには個性よりも偏差値の方が大切だと考える親にとっては、学校選択の基準は子どもの個性ではなく偏差値のより高い学校になるわけです。そして、その学校に合格させることが子育てと教育の目的になり、その達成にむけた努力が昂じたとき、教育虐待という悲しい事態が現実のものになるケースが増えているのです。

「子どものため」が教育虐待を生む時代

精神科医の古荘純一氏が書いた『教育虐待と教育ネグレクト』（光文社新書）という本があります。そこには教育虐待という言葉が二〇一一年の学会で臨床心理士である信田さよ子氏によって提起され、急速に社会に広まった言葉であると書いてあります。その時期は中高一貫校が導入され、エリートの選抜が新たな段階を迎えてから約一〇年、中学受験が急激に広がり始めた時期と重なっています。今日では親が「子どものため」という思いからその準備教育が始まり、小学校低学年からの塾通いが広がっています。その中で気づかぬ内に行われる教育虐待として注目されるようになり、かなりの広がりを見せるまでになっています。

中学受験と教育虐待の問題について取材している教育ジャーナリストの太田敏正さんの最近の記事（「『あなたのため』という教育虐待」「朝日新聞」二〇一九年七月二三日）の

中に、次のような一文があります。

それはエリートと言われる父親のもとで苦しんだ子どもの事例ですが、「国立大学出身のある父親は、有名企業で早くに出世。計画を立て、実行状況を確認し、改善点を指摘し、次の計画に反映させるという、会社で部下を育成する手法を息子の中学受験に応用しようとしました。しかし計画通り進めるため夜中まで無理に勉強させるなど、父親のボルテージが上がるのと反比例するかのように、息子のやる気と成績は低下。自分で毛髪を抜いてしまう抜毛症を発症し、なんとか中学受験を終えたものの大学生になった今も頭髪は元に戻らないそうです。父親は、自身の高校や大学受験の『成功体験』から、『息子もそこそこいけるんじゃないか、と考えてしまった』と振り返りました」というケースです。

このケースの場合も、わが子が本当の学びと出会えるかどうかではなく、もっぱら進路に決定的な意味を持つ偏差値という数字だけが父親の判断基準になっています。そして子どももそれへの関心を持ち続けることが求められてしまう。学びではなくて学習に一面化する勉強が小学校の低学年から始まっており、子どもから大切な「子ども時代」を奪っています。学校の宿題、塾の宿題、お父さんの宿題、この三つをやり終えないと眠らせなかったとも書かれていますが、このケースは典型的な教育虐待ということができます。

2.「心の傷」の背後にあるもの

(1) 小中学生に見られる学校拒否感

教室から消える生活的潤い

そこで改めて、最近急増している不登校と「心の傷」について二つのことをお話したいと思います

一つは、小中学校にみられる生活的潤いの剥奪であり、もう一つが中高一貫校の超高速教育のストレスと、中学受験をめぐる競争の激化です。

コロナ禍で一斉休校になったことによって、仕事に行くことができなくなった親たちがたくさんいました。小学校の低学年・中学年の子どもたちを何日も何週間も家に置いて、出かけるのは心配です。お昼ご飯はどうするの？　生活リズムは？　と考える親たちの心配は尽きません。そうはいっても仕事を何日も休むわけにはいかない。子どもが小さい時

には、保育園に養育を委ねられたために、一応安心して仕事に行けたのですが、学校に入学するとそうはいきません。コロナの前から急速に進んだ非正規雇用の拡大と母親たちの就労の拡大がこの矛盾を一気に尖鋭化させています。

保育園と学校のこの違いが親たちの新たな悩みの種になったのです。コロナ禍においても、保育園には多くの制約はありましたが、ともかく子どもの「生活の場」として養育を期待することができました。それに照らして一斉休校中に一時的に競争と管理がゆるんだ分散登校という貴重な体験から考えてみると、専ら「学習の場」であると思われていた学校にも生活的機能の再生は可能ではないかという声がささやかれたのも事実でした。学校も実は子どもにとって大切な生活の場であるべきだということが、多くの人に再認識されたのです。それは同時に放課後の学童保育の拡充と生活の場としての環境の整備問題として親たちの切実な願いとなりました。

ところが学校が再開されると、たちまち教室は「学習の場」に逆戻りして、生活の場であるならば当然のはずの友だちとふざけあったり、一緒に何か作り上げたりして楽しむ機会はほとんど閉ざされていきました。確かに緊急事態は続いていましたが、子どもたちへの相談もないまま行事が中止になり、休み時間も夏休みも短縮され、昼食を摂るときには黙って食べる黙食が、掃除をするときには黙働が求められ続けたのです。かつてであれば、毎月のようにクラスで誕生会を開催していた先生もいました。「今月は一〇月生まれの人の誕生会だよ、どんな風に祝おうか」とみんなで考え、役割の分担をして誕生会をする。まさに学校やクラスの中に生活的な潤いの場が少しはあったのです。しかしコロナ禍で導入された管理の強まりと、オンライン教育充実の圧力は、ささやかな生活の潤いをも許さぬほどに、学習中心のタイムパフォーマンスを求め始めたのです。

学校の中が窮屈になって生活的な活動の場としての機能が減らされているわけですが、それはコロナ禍が奪ったものを少しでも取り戻そうとする先生たちにとっても悩ましいストレスになっています。にわかに認識することは難しいですが、それは勉強とその土台である生活的な営みとの関わりが学校の中から消されていることに他ならず、安定した状態で勉強に取り組むための関係と雰囲気づくりを支える活動が奪われたこととして捉える必要があります。

コロナの前からその傾向が進んでいたのは確かです。たとえば石川県金沢市には、授業と授業の間の時間を「休み時間」とは言わず、「授業の準備時間」という小学校がありました。授業が終わったら、前の授業で使ったものを片付けて、次の授業に使うものを整えて静かに待つ時間だというのです。「休み時間」というと子どもたちが羽目を外すから、少し緊張感を持続させるということで、「休み時間」という言葉を使わないようにしたのです。これでは勉強と生活のメリハリがなくなりますから、ストレス発散のささやかな活動さえ否定され子どもからの反発や不登校が増えて当然です。

これもコロナの前からかなり広く取り組まれており、知る人も多いようですが、黙食の励行が求められ給食の時にしゃべってはいけないという指導が行われていました。給食が持つ生活的な潤いが消されて学習の一部にさせられ、単なるしつけと栄養補給の機会にされているといってもいいでしょう。学校の中にもあった生活的活動という学習活動の土台となる部分の価値が認められなくなり、消え去りつつあるのです。

二〇二三年五月九日の朝日新聞の投書欄にはこんなの子どもの投書が載りました。小学校二年生の子の投書です。

「きょ年わたしは小学校に入学した。おともだちができるかなあとすこしふあんな気もちもあったけど、わくわくしながらいった。

学校になれてくるとだんだんきらいになった。いちばんのたのしみはきゅうしょくだ。

でも、きゅうしょく中はしゃべってはだめで、だまってたべるのはたのしくない。そんな学校にいきたくなくて、まい日なきながら行っていた。ところが三月にとつぜん休校になった。やったあ。うれしすぎる。」

「(家では) まいにちいもうととレストランごっこをしている。おみせのものやたべものなどおりがみやがようしでつくっている。べんきょうもちゃんとやっている。九九もぜんぶおぼえた。

でもやっぱりおともだちにあいたい気もちになってきた。またクラスのみんなとべんきょうをしたいなあとおもう」

生活の場であり交流や遊びの場でもある学校で、食事はもちろん休み時間や自主的な活動の時間までもが学習やしつけの時間として取り組まれているのです。それが子どもにとってストレス蓄積の機会になり、やがて「心の傷」の要因にさえなり得ることをこの投書は示しています。子どもたちの話を聴いているとこれに似たことが非常に多くなっていることがよくわかります。

さらに、多すぎる宿題の問題もあります。家庭に学校を持ち込むような宿題が毎日のように大量にあり、まるで家庭からも生活の潤いを奪う要因になっている状況です。宿題が終わらないまま学校に行くときの不安、恐怖と罪悪感も深刻です。そのため宿題への拒否感を持つ子どもが多くおり、そのために学校へ行くのを「重たい」「行きたくない」と感じる子どもがかなりいるのです。宿題の本来の意義と役割が忘れ去られ、子どもたちの育ちにとって極めて重大な家庭生活への干渉にさえなっていると言っても過言ではありません。

「多すぎる宿題」と「家庭生活に干渉する学校」という問題を考えるとき何時も思い出すことがあります。国際学力テストで常にすぐれた成績を挙げて世界の教育関係者から注目されてきたフィンランドの教育と宿題のことです。それは子どもの現在と将来の権利に応える教育における宿題のあり方に関する一つのモデルではないかと思うからです。

『フィンランドの教育はなぜ世界一なのか』（新潮社）という本があります。著者の岩竹美加子氏によれば、フィンランドの基礎学校（小中学校）における宿題には次の三つの特徴があります。①日々の教育において宿題を出す場合は短時間の復習（定着と家庭学習のため）が中心で、それを越えて出すことには非常に慎重だということ。②二ヶ月半の長い夏休みには宿題を出さないこと。そして③宿題を出すか・出さないかあるいは何処まで許されるかについては、子どもに直接責任を負っている一人ひとりの担任教師の判断で行うこと、です。

なぜこれらの特徴が大切かと言えば、フィンランドの教育がその目的を人材の養成・選別とは正反対の、自己を発達させる権利をすべての子どもに保障する点に置いているからですし、憲法に掲げられたその目的をすべての教育実践に貫こうとしているからです。具体的には教育に競争を持ち込まず、全ての子どもが教師の支援や友達との交流を支えに自分が学ぶべきことを自分で探す力を育てようとしているのです。そのために子どもに点数をつけてそれを比較したり、順位をつけたりすること自体が基礎教育法では禁じられています。

しかも当然のことながら子どもの教育は学校だけに限られるものではなく、家庭や社会における生活や活動を通しても行われると考えられています。ですから自ら考え、他者と交流して理解したことを復習し定着させる短時間の宿題はあり得ても、家庭生活や子どもたち同士の遊びの時間を奪うような宿題は出すべきでないという社会的な合意に支えられています。そして、原則としてすべての勤労者を五時以降は家に帰す短時間労働の制度を採用して、家族での団らんを保障することさえしているのです。このように見ていくと、二か月半に及ぶ長い夏休みには宿題を出さないということにも、深い意味があることがおわかりいただけるのではないでしょうか。そういう教育が可能になるフィンランドでは、上級学校が入学する子どもを選ぶのではなく、自分の関心に合った上級学校を子どもが選ぶことが普通になっており、放課後になお学習をさせる学習塾もありません。いわゆる学力競争が子どもの能力を貧しくすることを過去の経験から学んでいるのです。

ここで敢えて記すまでも無いかもしれませんが、日本の学校の現状はそれとは反対で、試験の点数によって子どもに順位をつけ少しでもランクが上の学校に入れることを教育の目的にしている、といっても過言ではありません。そのために子どもたちは家族で過ごせる団らんの時間を犠牲にし学校の勉強の後に学習塾でも勉強をさせられ、更に寝る時間を削ってしても終わらない程多い宿題にも取り組むことが求められています。「教育熱心な家庭」として賞賛するような学校的な家庭の状況が「普通」になっています。

しかし、暇を与えずに学習することを迫る日本の学校の多すぎる宿題は、子どもの心にストレスと不全感を強め、子どもたちの中に勉強嫌いや不登校を準備する引き金にもなっています。ただそれは宿題を出す先生が悪いというような小さい問題ではありません。宿題を出さずにはいられないほど教える内容が多すぎますし、全国学力テストに合わせて、全国どのクラスもほぼ同じ進度で進む授業のスタンダード化と、それに従わせる教育政策こそが問題です。その上、クラスの人数が多すぎて先生たちが忙しすぎるという教育条件の問題も深刻で社会問題にもなっています。フィンランド程の教育を実現するには多くの時間が必要ですが、せめて先生たちの声や私たち教育研究者の意見にも耳を傾けて、教える内容を精選し、先生たちにもっとゆとりを持って子どもに関わってもらえるような教育条件を整備することこそ、コロナ禍を通して炙り出された不登校急増問題の解決には急務だと言いたいのです。

競争のための勉強への違和感

子どもたちの中に増えるいじめ、不登校と自殺から見えてくるのは、競争のための学習に対する子どもたちの違和感です。二〇二二年度のいじめは六十八万件を超えました。新聞各紙が一面で大きく報道されたのでご存知の方も多いと思います。

いじめが六十八万件ということは、いじめの被害者が少なくとも六十八万人いるということです。その他に少なくとも加害者が一人います。実際には加害者は一人ではなく三人四人あるいは十人と複数です。いじめの被害者と加害者を合わせると数は膨大になり、何百万人という数になります。ほとんどの子どもがいじめに関わっていると言って過言ではありません。それだけ子どもたちの中にストレスが溜まっているということです。

さらに「昔もいじめはあった」などと評論家のように言っていてはすまされないほど、今日の子どもたちのいじめは残酷です。それこそ、相手が死を選んだとしても翌日「死んじゃった」といって笑っているほどに、リアルな人間関係の希薄さを感じさせますし、子どもたちの中に、ブレーキをかける人がいない状況で行われているのが今日のいじめです。そういう行動に出るのは、家庭的、社会的体験が非常に貧困化していることと併せて、誰かを苦しめ、排除することに一時の快感を求めずにはいられないほどにストレスが溜まっているということです。その背景にあるのが競争と序列のための勉強の強制に他なりません。ここで想起しておきたいのは、国連の「子どもの権利委員会」が日本政府に宛てて出した「勧告」にある一文です。それは「高度に競争主義的な学校環境が就学年齢にあるこどもの間のいじめ、精神的障害、不登校、中退および自殺の原因となることを懸念する」と言っています。

「学び」を欠いた勉強―「学習」と「学び」の違いから―

今まで、学習と学びと勉強という言葉をあまり区別せずに使っていましたが、ここで少し立ち止まって、その区別を考えてみます。

日本大学の佐伯胖先生が書かれた『学ぶということの意味』（岩波書店）という本があります。「学び」と「学習」の違いを明らかにするために言葉の意味を丁寧に分析している本です。佐伯先生はその中でこういっています。「やはり『学ぶ』とは本人が主体的に自分から学ぼうという意志を持って何らかの活動をするというのが自然な解釈と考えて良い」が、一方「『学習』という場合には、その生起に関して学習者本人の意図は関与せず（略）学習の内容も一切関与しない」と。

つまり学ぶという言葉には学習とは違うニュアンスがあり、学ぶ本人が「何々をしたい」、「何々を知りたい」と思う内発的な意欲によって生起する行動のことだということです。しかし学習は本人が知りたいと思ってやる内発的活動ではなく、やらされるという性格を持ち、外発的な動機づけに基づく行動を指すということです。このやらされる学習、やらざるを得ない学習が、今日、学校で行われている勉強のほとんどになっています。しかもその勉強は試験の結果によって個人、クラス、学校、自治体などを序列化する排他的な競争の仕組みの中で外発的に動機づけられ、強いられた行動になっています。

もちろん学校での勉強には学びの要素と学習の要素が含まれています。そして、教師の専門性は興味や関心に根ざした学びと社会的要請に応える学習とを結びつけ、子どもの意欲と知的関心を高めながら授業する力といえます。しかし今日の日本の子どもたちの勉強を見ると、学びの要素が減ってほぼゼロに近くなり、学習という要素がほぼすべての勉強において求められているといって過言ではありません。授業のスタンダード化によって、教師が専門性を発揮できず、授業が形骸化していると見ることができるのです。したがって子どもたちは小学校に入学して暫くすると勉強そのものから逃避したい気持ちに駆られるようになっています。子どもたちは本当は学びが大好きです。誰もが賢くなりたいと思っているからです。それなのに、勉強を拒否したくなる状態に追い込まれているということです。そうした状況を背景としていじめや自殺そして不登校が急速に増加していると考えられます。

この問題を考える上で参考となる文書があります。福井県の県議会の意見書です。

福井県では二〇一七年に教師による過剰な叱責を背景とした自殺事件がありました。中学二年生の男子が校舎の窓から飛び降りて自殺したのです。その事件を調べた福井県議会は公教育のあり方が問われているとの調査結果を得、それに基づいて審議を重ねて「意見書」を発表したのです。そこに次のようなことが記されています。

「この中学校の事件について学校の対応が問題とされた背景には、学力を求めるあまりの業務多忙、もしくは教育目的を取り違えることにより、教員が子どもたちに適切に対応する精神的なゆとりを失っている状況があったのではないかと懸念するものである。

このような状況は（略）『学力日本一』を維持することが本県全域において教育現場に無言のプレッシャーを与え、教員、生徒双方のストレスの要因となっていると考える。これでは多様化する子どもたちの特性に合わせた教育は困難と言わざるを得ない。日本一であり続けることが目的化し、本来の公教育のあるべき姿が見失われてきたのではないか検証する必要がある。」

痛ましい事件の表面的解決ではなく、その背景を捉えたうえで、命を守ることを最優先とし、「いま日本に必要な教育」「真の教育のあり方」を再考し、今後二度とこのような事件を起こさないために、福井県に対して教育行政のあり方を根本的に見直すよう求めた「意見書」です。

この「意見書」は全会一致で採択されたということです。

福井県は秋田県と共に全国の学力テストで長年一位、二位を争っており、多くの都道府県の教育関係者や議員がそこに学びに行っていることは周知のとおりです。その中で起きたいじめや不登校の増加そして子どもの自殺事件について、福井県の議員さんたちは相当の時間をかけて検討されたようです。今日の社会で勉強が大事だということは誰もが知っていることです。しかしそれ以上に大切なのは学校教育の目的が何なのかということです。全国で一番の成績を取ることが目的となって手段を選ばなくなると、その目的のために授業を使って膨大な時間を試験対策の学習にあてさせ、過去問の練習などにあてるということが起きてしまう。全国学力試験のための練習として県教委主催の試験があり、市教委主催の試験もするようになる。そして、それらの試験に対応するために、毎日朝から試験対策のための練習がある。こういう無味乾燥な授業を繰り返しているうちに、子どもを見る教師の目が曇り、師弟関係でも子ども同士の関係でも変質が始まり、反抗的な生徒への管理的な対応が強まって、自殺者まで出るようになった。この現状を調べ真剣に考えた結果、県議会はこういう「意見書」を出すことに決めたのです。

試験での好成績と自治体の順位向上を目的とした教育のスタンダード化が進み、そして授業と学校生活のマニュアル化が進むと、いつのまにか教師の個性が発揮されるイキイキとした授業はできなくなっていきます。先生の個性と子どもたちの多様な個性が出会う体験が、小中学校における子どもの人格形成にとってどれほど値打ちがあることか。試験の点数と成績を目的とするような教育になると、そういう教育環境が失われることになるのです。福井県議会の「意見書」はそういう意味も含んで「本来の公教育」の大切さを強調し、それを取り戻すことの重要性を県の教育委員会と市民に向けて訴えているのです。

不登校の子どもたちの声を聞いていると、一人ひとりの先生には、毎日子どもたちの前に立つことが大事な出会いの機会であることを自覚し、自分の個性を活かして、子どもたちに語りかけてほしいと思います。そして、子どもたちの関心を引き出すような魅力的な教育を求めて授業や行事の準備をしてほしい。精一杯わかりやすい授業を工夫すると同時に、厳しい学習を学びに変えてきた自分自身の経験を踏まえて、勉強の大切さを伝えるメッセージを、子どもたちにしっかり届けてほしいと思います。授業のスタンダード化では決して味わえない、子どもの関心や気持ちを踏まえた魅力のある授業を子どもたちは求めているからです。

(2) 育ちの課題をパスさせられる子どもたち

子どもたちの不安やストレスの中心にあるもう一つの問題は人間関係の問題です。しかし人間関係の問題というとすぐにソーシャルスキルという個人的な能力の訓練を持ち出し、それで対応しようとする傾向が強まっているのも事実です。ところが人間関係の本質は教育と訓練で解決できるものではなく、具体的な体験を通して徐々に獲得する人間の成長と発達の問題、そして人間同士の触れ合いと葛藤を通して育まれる社会力の問題として考えることが大切なのです。つまり子どもの発達と育ち合いの筋道に即して考えることです。そこでまずお話ししておきたいのは、安心と安全が保障され「子ども時代」の豊かな遊びと活動を体験した場合、子どもの人間関係は三～四年というサイクルで質的に変化しながら成長していくという、法則的な育ち合いの筋道についてです。

と思います。

育ち合いの道筋

〈ギャングエイジとギャング遊び〉

そこでまず、学童期の子どもを中心として、人間関係の育ち合いの筋道を見ておきたいと思います。

子どもたちが小学校に入学してから四年生（九歳）ぐらいまでの間に経験する人間関係は、それ以前と以後に経験する人間関係とは大きく違っています。それはギャングエイジといわれる時期ですが、ギャングのような比較的大きな集団を作り、男の子も女の子もまじり合い、いろんなタイプの子どもたちが一緒になって行動するところに特徴があります。彼らは様々な遊びを創り出して楽しむだけでなく、色々なたくらみごとに夢中になったり、隠しごとをしたり、ちょっと危険なことに挑戦して冒険したりしますが、仲間たちの間で様々な個性に出会い交流し合いながら人間関係を学んでいきます。例えば互いの安全を守るために適当に距離を取る術《すべ》を学び、同時に仲間うちで約束を守ることの大切さを、大人から言われなくても経験を通して身につけ、少し年上の友だちの振る舞いを観察して気に入ったものを見よう見まねしながら覚えていったりするのです。それがギャングエイジです。しかし、このコロナ禍の中で今年四年生くらいになった子どもたちは、このギャング的な関係を、十分に体験せず、ほとんどパスせざるを得ずに成長してきたと考えてみる必要があるのです。

〈ギャングの前のごっこ遊びの時期〉

また、ギャングエイジに入ろうとしている小学校入学前の幼児期の育ちを考えてみると、その子どもたちは休園の多かった保育園や幼稚園での年中・年長の時期にごっこ遊びやその前の段階の並列遊びをどれくらい経験してこれたかが大切になります。並列遊びとごっこ遊びとは、それぞれの発達段階の子どもたちが遊びに夢中になることで成立する人間関係の形のことですが、その人間関係を体験して初めてその後のギャング遊びをする集団が生まれると考えられているのです。

後でも触れますが、五、六年ほど前頃から小学校では一、二年生の子どもたちが非常に荒れており、教室内での徘徊、暴言やいじめなどが急増しているという報告があります。ギャングという集団の形が成立していないこととの関連を示唆するこういう事実に照らすと、彼らはギャング形成の土台となる幼児期の経験を十分に経験できなかったのではないかと考えることもできるのです。そうだとすると既に小学生になっている子どもたちはどのようにして、幼児期の経験を取り戻すのか。つまりその子どもたちの「育ちなおし」が非常に大きな教育的課題になっていくはずなのです。

他方でギャングエイジはだいたい小学校四年生前後までと言いましたが、ギャングエイジを終えたあとに、子どもたちはどんな人間関係と集団を経験するのでしょうか？ 子どもの人間関係の育ちは人格の育ちそのものですから、このような問題への関心があまりにも低い日本社会の現状を見るとき、私はこのような視点から子どもの育ちを考えることの重要性を強調する必要があると思うのです。

〈チャムの成立〉

大体一〇歳前後という思春期の開始期を境にして、子どもたちの勉強も難しくなりますが、その育ちも質的に変わっていきます。このころから子どもたちが経験する人間関係の変化がギャングからチャムへの移行と考えられています。

「チャム」という言葉を初めて聞かれた方もいらっしゃると思います。これはアメリカの精神医学者のサリヴァンが提起したもので、子どもたちの様々な困難、とりわけ非行や凶悪事件あるいは殺人事件などを起こさざるを得なかった青年たちの子ども時代を研究する中で見出したものです。この時期にギャングからチャムへという質の異なる人間関係を経験していたか否かが、人格の形成に非常に大きな意味を持つことを見出したのです。つまり凶悪な事件を起こしてしまった青年たちの中には、チャムを持つ経験のない青年が多いという傾向があることがわかったのです。

チャムというのはギャングのような多人数の集団とは異なり、主に同性の似たもの同士が二、三人で作る親友関係のことです。親友の関係というのは、外面的にはトイレに一緒に行ったり、休日や休み時間にも何かするとなったらいつも一緒と見なされる関係のことですが、内面的には興味や趣味が似ていて、一緒にいて楽しく、安心できる関係ということもできます。それはジェンダーの問題が広く認識されてきた今日、どういう表現が適切なのか検討する必要がありそうですが、サリヴァンは「極めて親しい同性の二、三人が集まって作る小さな集団」に着目し、それをチャムと名付けたのです。この親友関係ができることによって、似た者同士であり、言うことや考えていることがわかり合え、励まし合えて、一緒にいるとホッとでき信頼できる友だち関係を経験できることの重要性を発見したのです。

子どもにチャムができると、家に帰ってからも、いつもその友だちの話をするようになるだけでなく、そのチャムの存在を支えとして親に反抗することさえできるようになります。いわゆる「よい子」ではなくなる時といっても良いかも知れません。それは一般的に第二次反抗期といわれる時期を支える特徴的な人間関係ということもできます。

思春期の入り口になれば性的にも成熟してきますし、親にも言えずクラスメイトにも安易には言えないことがでてきます。でもチャムとの間でならちょっとふざけ合ったりほのめかすだけでわかり合えるという点も重要なことです。これはギャング期のような、遊びのルールや宝物の共有というレベルとは質が違って、生理的な発達と変化を土台とした、内面的な問題を共有できる関係ということもできます。そのチャムを作って楽しむ時期は、大体一四～一五歳ぐらいまでといわれています。

ギャング的人間関係の体験不足と中学受験という偏差値競争による関係の変質によって、今日の思春期の子どもたちのチャム的関係体験の減少あるいは喪失が、人格形成に及ぼす影響が大変気になります。

〈クリークの形成〉

一五歳ぐらいを超えた時期になると、子どもたちは徐々にチャム中心の関係を卒業していき、クリークという集団を形成するようになります。クリークというのはどういう集団かというと、いくつかのチャムと個人が集まってもっと面白くて新しいことができるような集団、つまり仲間関係のことです。例えばバンドを組んでみんなで何か演奏して目立ちたくなる。そんな中にドラムができる人がいたら、格別に映える演奏ができるし、文化祭などの時には周囲のみんなから「すげぇ！」なんて言われるようにもなる。つまり二～三人では叶えられないことも、チャム同士が何組か集まって五人とか八人などという仲間を作れば、そのクリークが実現できるようになる訳です。これを親友関係チャムから仲間関係クリークへの変化というのです。

音楽は苦手だという子どもの場合には、スポーツなら得意という子どもたちが集まって、スポーツで楽しむ同じようなクリーク、例えばサッカーやバスケットなどのチームを作ることも少なくありません。もちろん様々な文化系の趣味や興味が合う仲間同士でサークルを作る場合もあります。

生理的にも第二次性徴期のような大きな変化は落ち着き、心の中では第二次反抗期を卒業していますから、チャム的な関係だけではできなかったことが実現できる仲間集団を作って、子どもたちはより大きな精神的充実の体験を求めて活動を始めるのです。

先程触れたように、三年とか四年とかという大まかな時間の区切りの中で子どもたちの人間関係は成長していくわけです。日本の学校は六・三・三制ですが、世界的には四・四・四制という区切りで学年を積み上げる学校制度もあります。それはちょうどギャングエイジに、そしてチャムに、さらにクリークへと子どもたちの生理的変化と心の成長を示している区切りということもできます。

子どもたちが育ち合う様々な人間関係のあり方を心理学的な発達の視点から考えると、子どもたちが過ごしているこのような人間関係の変化は、既に成人を迎えた者にとっての三、四年とは質的に異なる意味を持つ変化であることがわかりますし、コロナ禍の四年間は心身の発達に応じた集団で育つ経験を十分に味わえなかった子どもたちを生んでいるとも言える訳です。

このコロナ禍の四年間にギャングエイジやチャムの時期、あるいはクリークの時期を十分に経験できなかった子どもたちにとって、本当の意味での親友に出会えない場合や、仲間と共に何かに挑戦することに取り組めなかった子どもたちがいるはずです。その子どもたちがそれぞれの最適な時期が過ぎた後になってから、短期間であったとしてもどこかで何らかの形でそのような友人関係を追体験し「育ちなおし」をすることは、非常に重要な課題になるのではないかと考えられます。

コロナが収束してきた今、その子どもたちは育ちなおしを求める様々なシグナルを出し始めていると思います。コロナ禍の中にあっては、家庭でも学校でも、子どもたちの声を聴くゆとりも条件も無いまま、かつてない程に強い指示型、命令型の指導に従がわせる生活が支配的になっていたといわれています。それへの事後的な反発を含んでいる可能性のある子どもたちの逸脱的言動を、育ちなおしを求めるシグナルとして判断するには、いま述べてきたような発達的な視点を持つことがかつてなく重要になってきます。それがあって初めて子どもたちのシグナルを管理的にではなく前向きに捉えることが可能になりますし、育ちなおしというプロセスを通して、成人に向けて成長していくことができる支援のあり方を考え出す模索が始まるはずだからです。

人格形成に欠かせぬこと

ところが現実には、子どもの成長と発達にとってこのような非常に重要な問題が提起されていることがほとんど認識されない状態のままで、まるでコロナ禍などなかったかのように、あるいはコロナ禍など一切問題ではなかったかのように、「学びの機会の保障」と

「学びの遅れの取り戻し」が最優先の課題として提示されています。以前にも増して子どもと学校のミスマッチ状況が広がっているために勉強と生活に対する管理的な指導が強まる傾向が社会にも学校にも広がっているのです。

学力的には様々な知識を理解し覚え込むことが大切であるとしても、それをどのような内容と方法で、どのような集団の中で学ぶかということを無視することは非常に危険なことです。その部分が一切考慮されずもっぱら知識とその操作を覚え、テストで吐き出すことを目指すことは、学校が教育機関であることをやめて教育を放棄し、単なる受験塾に堕することを意味します。その学校では一体どんな人格が形成されることになるのでしょうか。

私自身は不登校問題の研究者ですから、常に人格の形成という本来の教育の目的に照らして現在起きている教育と子どものあり方を見つめて考えるようにしています。その視点から見るとき、コロナ禍が既存の教育と子どもの育ちに与えてきた影響を踏まえて、不登校の問題を考えなければなりません。そこにもまた今までとは違う子ども理解の難しさがあると考えています。つまりすべての子どもが「育ちなおし」という課題を抱えていることを考慮しつつ、その課題克服のための追体験ができるような環境と条件を作っていくことが、今日の教育と保育の現場には求められているということです。

第3章

育ちの法則を無視した教育改革の中で

1. 人格の形成より人材の養成

(1) 早すぎる英語教育

中高一貫教育の導入による学校制度の複線化は、子どもの育ちを無視し公教育の変質を招く制度改革ですが、小学校低学年から英語教育を導入する教育の改革も、子育てと子どもの育ちを混乱させる制度改革ということができます。

ここでお話ししておきたいのは最近二〇年くらいの間に進められて来た教育改革についてです。それは今まで述べてきたように教育の本質を無視して進められていますが、より深刻なのは教育改革の名で進められている政策が人間の子どもの育ちの法則をほとんど無視していることです。学術会議問題に端的に現れていますが、科学や学問の蓄積を軽視している政治の姿がここにも現れています。その典型例としてまず小学校低学年への早すぎる英語教育の導入について見ていきたいと思います。

⑵ 人間の科学の軽視

皆さんもご存知のように二〇一一年から小学校高学年に外国語活動が導入されました。小学五年生からの英語の教科化です。そして二〇二〇年度以降は三年生からの英語教育活動が導入されました。小学校教育におけるこの政策の導入を受けて全国の保育園・幼稚園でも英語教育が大変な勢いで広がっています。「英語は、そして教育は早く始めるほど良い」という暗黙の了解があるかのように、「子どもの育ち」など無視して急速に広がっているのです。保育と教育のこの動向によって子どもの育ちがどれだけ傷つけられているか、その因果関係が見え難いものであるだけにそれが大変心配かつ深刻な問題になっています。

早い時期から教えれば、子どもが立派な英語の使い手になるだろうと、考える人たちが少なくありません。日本語（母語）の獲得と外国語（習得言語）である英語の習得とを同じレベルで考え、子どもによる言語の獲得と習得の違いなどをよく考えずに、良かれと思って習わせていると考えられます。島国である日本での早すぎる外国語の教育が子どもの育ちつつある脳や人間関係にどういう影響を及ぼすか、それが一人ひとりの子どもにとってだけでなく社会にとってどれほど大きな問題であるかは、心理学、教育学そして大脳生理学などの専門家がこぞって批判し、反対していることからもおわかりいただけると思います。

教育学や心理学からは、早すぎる外国語教育によって子どもたちの間に英語嫌い、学習嫌いが増える可能性が非常に大きいと以前から指摘されてきました。生活の中で芽生える関心や興味、そしてその模倣を通して獲得することと、非日常的で一時的、人工的な環境の中で、関心、興味のあるなしに関わらず、教えられ、評価されて習得が求められることとの違いの問題です。

幼児期からの英語教育の影響の一つとして、既に小学生の中に英語嫌いが増えています。この英語嫌いが何に繋がっているかというと、それは学習全般への拒否感であり、自分の興味・関心とは無関係に教えられる早すぎる学習の拒絶です。特に外国語の場合は、そのカリキュラム毎に読む、聞く、話す、そして暗記するなど、個々の言語機能別の評価の言葉に晒され、劣等感を持たされ易く心理的拒絶があるのですが、その反応が出始めていると考えられます。

競争の教育の一環として始められた早すぎる英語教育が子どもたちに与える影響の証しとして、既に子どもたちから出されているシグナルに不登校や学習拒否があるわけですが、小一、二に急速に広がっている学級崩壊もそのひとつです。しかし政策として始めてしまったものはどんなひどい影響が出ても止めることは簡単ではありません。近年の調査によれば、それはストレスと抑うつ感の強まりの表れとして報告されていますが、子どもの側から見ればその言動の変化は育ちを守る無意識の反応（表出）ですから、早く専門家や現場の教師たちの力を借りて本格的な調査を行い、どう対処するのかを明らかにしなければならない問題です。私の専門から言えば、この問題はいじめや不登校、そして自殺が急増を続けている現状にたいして、その要因や背景に関する問題と重なる研究の一つだと捉えられるのです。

大阪に入園定員が六〇〇人の幼稚園があります。その園は英語を三才児から教えることを売りにしているのですが、それこそバイリンガルにできるかもしれないと、親たちの間に期待が広がっているそうです。コロナの少し前から園児を募集する時期になると、受付の日は早朝から長蛇の列ができると聞きました。これからさらに国際化が進む時代です。

子どもたちが自由に英語を操れるような力を身につけていけば、どんなに夢が広がるだろうと考える親たちが多くいることはよくわかります。でも、子どもの育ちを歪めずに将来の外国語の習得にも資するような力を育てるためには一体どんな保育や教育が適切で、どんな環境整備が必要なのかという周到な検討が必要な問題です。しかしながら政府には、それを検討した形跡はありません。にも関わらず体操、お絵かき、スイミングなどの科目と並んで英語活動の時間を設け、外来の講師が三～五歳までの三〇〇人を超える園児たちに教えていると、その地域の保護者たちから聞きました。それが情報の通りだとすればそれは保育というより学校教育の真似事に他なりません。つまりその園では保育と言える実践が成り立っているのかどうかさえ疑われる事態です。

これは例外的なケースかもしれませんが、全国的に見て英語教育が一気に低年齢化の傾向を見せ幼児向けの塾が活性化しているのは確かです。今や三歳、四歳からはざらですが、いや東京の一部では一歳からの英語教育というチラシも入っています。塾でネイティブの教師が英語で語りかけ、英語の歌を聞かせ歌わせるのだそうです。小三からの英語教育の導入はそれ以降の教育に直接影響を与えるだけでなく、幼稚園や保育園の教育や保育にも甚大な影響を及ぼす一例であり得ることは間違いありません。塾産業と教育産業が、こうした動きの中で市場を拡大し、活況を呈しているのは、皆様ご存じの通りです。

(3) 言葉の発達の順番

こういうことが今の日本の社会で実際に起こっているのはなぜなのかというその根本問題を考えると、先にも触れましたが、日本の政府が科学や学問を軽視して不況の中の産業活性化政策の手段として保育・教育を考えている事実に行き当たります。教育政策が文部科学省からではなく経済産業省で検討され、内閣府を通じて文科省に降りてくるという状況自体が、異常事態というしかありません。科学的知見に照らして多くの研究者が保育・教育を経済政策の手段にすることの危険性を指摘したり諫言したりしても、政府がそれを無視して実行することが常態化しているからです。

今ここに『英語を子どもに教えるな』(中公新書クラレ)という本があります。非常にストレートな題名の本ですが、これを書いている市川力氏は、外国に、特に英語圏の国々に子ども連れで赴任した場合、その人の子どもが外国で英語を覚え、日本に帰ってきたその後に、その子どもたちの日本語と英語の順調な発達にどのような教育が必要になるかを研究し、実践してきた人です。

小学校低学年で帰国するまで、小さい時にアメリカで日常用語として英語をある程度話していた子どもの場合は、この子はバイリンガル的に育つだろうと思われていたケースが多いそうです。しかし実際は、その子どもたちの中には英語力が十分育たないばかりか、日本語の力も伸び悩みの状態に陥っていくケースも少なくないそうです。市川氏は自分自身が指導した体験を踏まえて、何故そういうことが起きるのかをこの本の中で深く追求しています。

その本の中で紹介されている研究者の一人に、幼児期の子どもの心理と言葉の専門家である岡本夏木氏がいます。岡本氏の本には『子どもとことば』（岩波新書）や『子どもと教育を考える――小学生になる前後――』（岩波書店）という、今や古典的とさえいえる名著があります。

子どもの発達と言語に関する岡本氏の研究結果を踏まえて市川氏はこう書いています。「岡本夏木は子どもの言語発達の研究を通じ、ことばには『一次的ことば』と『二次的ことば』とがあり、『一次的ことば』を十分発達させて『二次的ことば』を使えるようにしっかり結びつけていくことが、小学校低学年での言語学習の核心であると主張した」と。つまり子どもの言葉には性質を異にする二つの言葉があり、言葉の発達の事実は、それら二つの言葉の出現とその育ちに順番があることを指しており、その順番にこそ言葉の獲得と習得の核心があるということです。

ここで「一次的ことば」というのは、現実的な生活場面で、具体的な状況と関連して親しい人との対話で使うことによって発達する言葉のことで、それはもちろん母語のことに他なりません。家族や友だちなどとのコミュニケーションを通して母語の語彙と発音そしてイントネーションを覚え、使い、思考するのです。この段階ではもっぱら話し言葉によって具体的な人や物あるいは状況と結びついた思考が発達するのですが、それが十分発達するのに小学校入学後二〜三年かかると考えられています。その発達を踏まえると、やがて現実や具体物を離れても言葉と文字を駆使して交流できる「二次的ことば」を理解し、それを獲得して使うことができるようになるのです。そして読み、書くことができる文字の獲得によって具体的な思考の世界だけでなく、抽象的思考の世界についても認識の翼を広げ思考することができるようになるわけです。これが幼児期からの言葉の発達の順番を知る上で重要なことなのです。

例えば母語であっても幼児期の子どもに「愛」などという抽象的な言葉の意味を理解させようとしてもそれはむずかしいです。けれども幼児期から「抱っこ」や「好き」という言葉とともに「愛を求める」行動はできます。そういう具体的な行為と結びついた「一次的ことば」の獲得と発達を土台として「二次的ことば」を獲得し理解できるようになると、やがて「愛」などという抽象的な言葉をその意味と共に子どもは理解し使えるようになるのです。こうして「二次的ことば」が理解できる段階になると、日常的生活的には使わない英語についても、その音と文字とを結びつけて学ぶことが苦痛ではなくなるといえるのです。

そういう時期になって愛や友情という言葉の意味とその違いを理解できる頃から外国語を学ぶ最適期が到来するという、言語の発達とそれに即した言語教育の理論を学んでみると、「二次的ことば」の獲得の時期が実はギャング遊びからチャムへと人間関係が質的に変化していく時期と重なっていることがわかります。つまりその頃から外国語の学習を始めると、人によって得手や不得手の違いはあっても、心の発達を歪めず学習への拒否感を強めずにすべての子どもが外国語の学習を続けることができるのです。

そして外国語に強く興味や関心が湧いた子どもは、そこからでも十分にバイリンガルになれる程に成長していくことができると市川氏は言っています。また育ちの順番を無視した場合には言語の発達と心の発達にとって否定的な作用を及ぼし得ることにも触れています。この点は本当に重要な指摘だと思われます。こういう言語と発達との関係を知らなかったという方は、先に紹介した市川氏と岡本氏の本にちょっと目を通してみて下さい。そしてできればこういう専門的な知識をも生かして子育てを考えていくことが、この情報化社会においては本当に大切だと思います。

現在は情報化の時代です。スマホやマスコミを通して親たちの関心や欲望を刺激し、その気にさせるような言葉を駆使した宣伝が子育てと教育の世界にも溢れています。学ぶこと無しに子育てをすることが本当に難しい時代だと思う所以です。「子どものため」という親の思いが宣伝のターゲットになっていますから、親たちが子育てや教育について過ちの少ない選択をしようと思えば、「学ぶこと無しに親になることが難しい時代」という言葉を本書での学びとともに、心に刻んで欲しいと思っています。

2. 不登校の親と子どもが感じる学校への違和感とは

(1) 能力主義が蝕む子どもたちの人間関係

わが子が不登校になって不安と心配で心がいっぱいになっている親たちにとって、不登校問題の本質と、その背後にある教育の仕組みについて学ぶことは非常に大切なことなので、その方たちを念頭に置いて書き進めていこうと思います。この学びを一つのきっかけとして、子どもについて、不登校について、学校について、そして親のあり方について、気持ちと頭を整理する機会にして頂けると、非常にありがたいと考えています。

どんな親でも、学ぶことなしに自分の子ども時代の経験だけを基にして不登校のことを考えても、親と子どもにとって大切なことはなかなかわからないと思います。なぜなら子育て中の親は誰でも、自分の体験を踏まえて「子どものため」と思って子育てをしてきた

はずだからです。しかし「子どものため」と思ってもそれは親が思っているだけで、子どもも納得し了解しているとは限りません。実際は子どもが耐え難いと感じていたとしても、「子どものため」と思っている親には中々理解できず、子どもへの押し付けになっている場合が少なくないからです。そして今日の教育環境の中では、その押し付けが子どもを苦しめる危険な問題をはらみ易い時代なのです。

ところで、わが子が不登校になってから親が強く感じるようになるのは、学校と教育への違和感ではないかと思います。そこで先ず不登校を生み出す背景として学校のあり方についてお話してみたいと思います。現在は不登校で子どもがいくら苦しんでいても、今日の教育政策の立案者たちは子どもたちのその心を考え、理解しようとはしていないようにみえます。がそれは何故なのか、しかもそのおかしさに気づきもしないのは何故かについて見ていきたいと思います。

日本の子どもたちが今日受けている教育が生み出す否定的な問題の要因について、国連の子ども権利委員会は「高度に競争主義的な環境（としての）学校システム」にあると見做しています。それは能力の一部である学力にのみ焦点を当て、子ども同士、教師同士、学校同士を競わせる現在の教育システムであり、本来の教育の目的からずれているのに、それが見え難くなっている程に競争が徹底している教育のあり方です。

ご存知のように二〇〇六年に改訂された教育基本法にはいろいろ問題があります。にもかかわらず、その第一条の教育の目的には次の一言があります。「教育は、人格の完成を目指し」という言葉です。教育によって能力を高めることはもちろんですが、それは人格の完成という目的とともにあって初めて意味を持つからです。

その人格の完成にむけた教育の中で一番中核になるのが一人ひとりの子どもの興味・関心と意欲です。「僕はこれが好きだ」「私はこれは好きではない」「僕はこれがしてみたい」などと表現される意欲とその担い手である一人ひとりの自己を尊重し、それがしっかりと育っていくこと。これが人格を形成する教育の中心になければならないのです。

しかし現在、子どもたちの中には「僕はこっちの方が好きだ」とか、「これは嫌いだ」と思っても言わない子どもが目立ち、自分の意思よりも親や教師の意図を忖度してしまう「よい子」が増えているといわれています。そしてほとんどの親たちも、前もって準備された教科書の知識をできるだけ沢山覚え、それをどれだけ素早く再生できるかをテストで測り、その結果を偏差値などの数値で示して頭の良し悪しを競わせることが教育だと思っています。子どもが受けた教育の成果は試験で測れるという考え方が拡がり、その結果の点数を見るとそれだけで子どものことがわかった気になる教育観です。高い点数を取れば人格までが育っているかのような、そういう錯覚の上に成り立っている教育といっても過言ではありません。

これを能力主義の教育というのですが、それは産業構造の再編に合わせた労働力の確保を重視した財界のための人材を養成する教育として、今から六〇年以上前の一九五〇年代の末ころからスタートしたものです。戦後の初期に導入されたのは一人ひとりの子どもとその子が育つ地域を尊重する教育で、それを実現するために作られた教育委員会は、親たちが選んだ教育委員で構成される公選制という民主的なシステムでした。それを公選制教育委員会といいます。そのシステムは多くの国民や教師たちの支持があったにも関わらず財界の要求を実現するために一九五八年に廃止されて、政治家である知事や市長など自治体のトップから委員が任命される、行政の下部組織としての教育委員会に変えられました。それを任命制教育委員会といいます。そうして日本の教育は親や市民たちの意思や願いである、人格の完成を目指す教育とは異なる財界のための人材を養成する能力主義の教育へと変えられてきたのです。

そういう状況を背景として一九六〇年代に入ると「学校はもう嫌だ」と感じる子どもが

出始めました。病気でも経済的困難によるのでもなく長期に欠席する子どもが現れ始めたのです。当初は「学校拒否症」とか、「学校恐怖症」という病気のような診断名がつけられました。しかも能力主義の教育が強まり始めたその頃の大問題の一つが、全国一斉学力テストの導入だったのです。一九六一年度から始められたこの学力テストは国民と教職員の強い反対によって一九六五年に中止されました。しかし四七年後、二〇一二年度から政府の方針として全国一斉学力テストが再開されたのは皆さんご存じの通りです。

能力主義教育の導入、強化のたびに、それと軌を一にして子どもたちの中に現れた変化は、遊びが豊かに展開し易い横並びの相互的な関係の弱まりであり、それに代わる縦並びの競争的な人間関係の序列化でした。そして一九六〇年代に目立ち始めたのが「遊び型の非行」であり、失われ始めたのが子どもたちの個性だと言われました。個性を尊重する教育から、個性無視の能力主義教育への転換が、子どもたちのこの変化の一つの要因になったのです。このような変化と学校のあり方を考える上で非常に参考になるひとつのエピソードを、私は埼玉大学名誉教授の暉峻《てるおか》淑子先生の論文で知りました。

一九七〇年代のことですが、暉峻先生は二、三年に一度位のペースで夏休みにドイツの大学で集中講義をしておられました。ドイツでは友人の家にホームステイさせてもらって大学に通っていたそうです。そのお宅にいた小学校四年生の娘さんのエピソードがとても印象的で、私には大切な事例だと思われたのです。

ある日、その娘さんは一所懸命自分の手の指の爪を磨いてマニキュアをつけていたそうです。暉岡先生が「マニキュアをつけて何してるの?」と尋ねたら、娘さんは、「一週間に何人かずつ『私は自分の何処が好きか』というテーマで、自分の好きなところについて皆の前で話す時間があるの」と答えたそうです。そして、その子は「明日は私が話す番だけど、私はママの爪がとても好き。ママの爪はとっても形が素敵で色も綺麗だから大好き。それに私の爪はママの爪に似ているの。だから私は明日この爪を一番綺麗にして、みんなの前で『私の爪はママの爪にそっくりです。だから私はこの爪が大好きです』って話す準備をしているの」と話してくれたそうです。

「私は自分のここが好き」と紹介し合って、皆で認め合う姿がここにはあります。それは明らかに自己を振り返り、自分自身への気づきを表現するという意味があります。またその表現には具体的思考力を高度に発揮して、親しい友だちのイメージを更新しつつ認め合う関係づくりの言葉が生きています。一次的な言葉からの飛躍を遂げつつある四年生の子どもにとって、抽象的な二次的な言葉で「私が好きなのは母の愛です」と言ってもまだ伝え切れないはずです。そこでクラスの友だちとイメージを共有できる事柄として母親の爪を取り上げているわけですが、そこに着目する彼女の心には大好きな母親への想いが込められていることは間違いありません。

しかもこのエピソードで重要な点は、日本と同じ第二次世界大戦の敗戦国で戦争反省に基づく民主主義的な教育の実現に取り組んでいたドイツでの教育だということです。七〇年代になっても教育を通してすべての子どもの人格の発達と完成を真剣に追求しているように思われたからです。いま、日本の子どもたちが求めているのもそういう教育なのではないでしょうか。

能力の一部は確かに測定できますし比較することができます。試験をすれば点数化できるからです。しかし人格は比較することができません。「私はママの爪が好きと」いう子もいれば、「私はママの髪が好きでママに似たこの髪が私の自慢」という子もいるでしょう。そのような表現を励ます教育の重要性は、個人の尊重と多様性を重視するところにあります。様々な友だちの話を聞きながら、子どもたちは人格の中核となる自己を立ち上げるために、自分のここが好きだということを真剣に考え表現するように励まされているのだと思ったのです。小学生の時から他者の思いを知ることで自己を考え、その自己を表現することで、色々な個性を持った友だちと出会いなおすことができるということです。

教育の目的である人格の形成という営みには、他者と比較することなどできない一人ひとりの子どもに注目し、その成長に即した物差しが子どもの数だけ必要です。ところが、能力主義の教育はその子どもたちを一つの物差しで点数化し、それを比べることで子どもたちの中に競争と序列を生み出します。その結果、子どもの心の中に、点数や速さなど一部の能力で比較する思考が生まれ、子どもたちの人間関係は縦の関係へと引き裂かれ、それが自己理解と他者理解を希薄化させていきます。それこそがぼう大な不登校やいじめをつくり出す今日の日本の教育と子どもたちの姿の背景です。

⑵ 学校の二極化と教育の複線化

最近二〇年くらいの教育制度の変化と子どもたちに広がる苦悩の様相を見ると、日本の教育の能力主義は更に深まりつつあり、くるところまできたと言い得る状況にあると思います。そして誰の目にも明らかなように、すべての子どもを対象にした日本の義務教育自体が二極化し始めています。点数による序列化が学校の種別に直結しているからです。小学校の段階から子どもたちの勉強は、「学んだ結果」を測定する全国学力テストと中学受験のための対策としての学習にほぼ占領されています。本来は「学ぶ力」としての基礎的な力をつけながら、自分が本当に興味のある問題に取り組む時期であるのに、その時期に学力テスト対策としての過去問と中学受験のための勉強に追われているのです。それはまだ「一次的なことば」の成熟期にあり、その時にしかできないことが沢山あるのに、その活動を排除して小学校一、二年生から「将来のために」塾に行って英語を学ぶのと同じことです。育ちつつある子どもにとってかけがえのない「現在」が「将来のため」の手段になっているからです。学習と学校への拒否感を感じる子どもを急激に増やしつつあるといって過言ではありません。

また能力主義の教育は子どもたちを垂直的に序列化させることによって、多様な個性を脱色する働きをしています。いろいろな友だちと関われるから素敵だし、その中から親友になりたい友だちと出会えるのが本来の学校の重要な意味であるはずなのに、高学年になっても中学生になってもチャムといえる親友ができない子どもがかなり増えています。多様な個性に出会えていれば子どもたちの中に自然に生まれてくる人間関係の発達が、今日の学校ではかなり難しい状況になっているからです。それに代わって強者を忖度して群れを作り、「変わった子」や弱者を傷つけ排除する、いじめという人間関係が小学校の低学年から急増しているのが現実です。

相談に来る親たちから聞く小学校の低学年の子どもの声がそれを明確に物語っています。ある子どもは「学校は嫌い」「何で学校はこんなに辛いの」と言い、またある子どもは「学校に行くと自分が自分でなくなる」と言っています。さらに文科省が行った不登校経験者へのアンケート調査の結果を見ても、「友だちが怖い」「先生が怖い」と答える子どもの割合が非常に多くなっています。子どもの話を聞くだけで本当に辛くなるような現状です。それはもちろん先生が悪いとか、いじめる生徒が問題だということ以上に、行き過ぎた能力主義の教育が教師と子ども、子どもと子どもの関係を深く蝕んでいることの現れととらえる必要があるのです。

(3) 何よりも必要なのは能力主義からの転換

今の学校で何よりも大切なのは、教師の専門性が生かされ、子どもたちともっと対話できるような教育条件を保障することです。人格の形成を重視し目的としている北欧の国々の情報を見ると、誰もが知っているように一クラスの子どもの数は二十五人以下です。そこに担任と副担任が配置されている国もあります。しっかりと子どもと対話をすることが求められていますし、一人ひとりの子どもを尊重する教育の内容と方法を模索しながら基礎的な学力を高める教育を創造しています。こういう世界の教育の動向にも学びながら考えるとき、「学校が怖い」と言って登校できなくなる多くの子どもたちが訴えていることの意味は非常に重要だと言わざるを得ません。

さて、いじめや不登校の急増とその背景を考えるとき、「過度に能力主義的な日本の教育」のあり方を変えることなしに抜本的な解決に近づけることは難しいと言わざるを得ません。しかし教育行政の現実は国民の声を聞かないだけでなく、専門家の提言にさえ耳を傾けない状況にあります。そればかりか教育行政の担当部署である文部科学省の判断さえ無視され軽視されており、経済産業省と内閣府を通した財界の声が文部科学省を通して具体化されているありさまです。

コロナ禍が拡大している最中に子どもたち一人ひとりに一台ずつの情報端末が配られました。しかし、それは教育政策を決めるこの仕組みの典型的な現れでした。在宅でもオンラインで学習が可能とも言われましたが、それ以上にコロナ禍による経済の停滞を学校を使って活性化させるために経済産業省経由の財界の要求に従って、一人一台のＩＴ端末の配布が一気に進められました。官邸の判断も絡み、文科省は口を挟めなかったようです。学校はもちろん各家庭のＷｉ－Ｆｉ環境も整えられていない上に、小中学校における情報教育の専門家の養成もないまま、全ての子どもに端末の配布が進められ、指導はほとんど担任まかせでした。そのため、ただでさえ忙しい教師たちの多忙とストレスは限界を越え、沢山の教師たちが健康を損ねて定年を待たずに退職せざるを得ませんでした。

先生たちの多忙と超長時間労働は、最近ようやく社会問題化してきましたが、その改善は教師にとって極めて切実で正当な要求であるだけではありません。それは教育の人的な環境として子どもの権利と学びの視点からも非常に重要な問題です。その改善のためには

「定額働かせ方式」とか、「働かせ放題」などといわれる法律（給特法）のあり方を変えて、教師の数を大幅に増やし、先生たちの労働時間の適正化を実現して、それを守らせなければなりません。それによって子どもたちと関わり授業の工夫に知恵を絞る時間を増やし、子どもたちとの対話が豊かになるように教育そのものを変える条件を整えていく必要があります。

子どもの目から先生が怖いと見えるのは、先生の単なる個人的な力量の問題なのではなく、先生たちの置かれている状況があまりにも過酷で、ゆとりを失いストレスがいっぱいの状態にあるからです。でもその状況を変えない限り、子どもの日常にとってやはり「先生は怖い」ままです。子どもが口にする一つひとつの言葉を正面から受け止め、その意味を深く捉えながら学びを励ます教育を再生するには、先生たちの超多忙な労働条件を変えていく必要がありますが、保護者たちと教師たちは、この市民社会を形成する大人たちの責任としてそれを訴え、変えることを自分たちの課題として捉えていく必要があると思います。

⑷ 学校は失敗を経験するためにある

ところで今お話ししてきた問題を、学校と教師の問題だけに限定して見ることは正しくありません。親であり市民であるわれわれ自身の問題でもあるからです。私たちは子どもを見る時にいつの間にか能力主義的な見方に囚われている自分自身を自覚する必要があると強調してきました。それはわれわれ自身がその制度の中で教育を受けて育ってきたことと関係しています。つまり「わが子」の心と向き合うべき時にも「子どもの点数や成績」の方が気になる存在になっているのではないかということです。

人格形成をとても重視しているフィンランドでも、教師が子どもにテストすることは禁じられていません。しかしそのテストに点数をつけることは禁じられています。点数をつけると最も大切な一人ひとりの子どもが抱えている問題が見えなくなるからです。たとえば試験の答えが間違っているとき、教師は間違ったのは何故かを考えなければなりません。この子は問題自体が理解できていないのか？　理解しているはずなのに解けていないのか？　それは教え方の問題ではないのか？　テストをしても点数をつけないのは教師がそういうことをしっかり見て子どもと対話しながら考えられるようになるためです。

ところが能力主義がはびこり、点数を能力の表れととらえて評価することに慣れている日本の社会では、それをさらに偏差値という集団内での位置を示す数字に換算することにも慣れています。そのためいつの間にか点数や偏差値を見てそれだけで子どもを評価してしまうことを誰もが当然のように考えています。問題を子ども個人の能力と決めつけ、環境や教育のあり方を変えようとしないのです。それは子ども自身ができるかできないか、知っているか知っていないか、速いか遅いか、という価値基準で評価することが我々の中にどっしりと根を張っていることを意味しています。そのために私たちはできないこと、知らないことがとても恥ずかしく、悪いことをダメなことのように思い、すべての結果を表面的な自己責任と捉えがちだからなのです。

本来の教育では「できない」「わからない」ということの中に、大切な意味があると考えられてきました。なぜわからないのか、どこがわからないのか、そこを掘り下げていくことによってその子どもの理解や思考の特徴をつかみ、その修正を励ましながらより広く深い認識が身につくことにこそ、子どもたちが達成感と自信を身につける教育があるからです。わからないことできないことにバツをつけるだけならば、それは検査あるいは測定であって教育ではありません。

バツをつけない教育ならばそこから「どうして？」がスタートします。つまり本来の教育ではできていないことはダメなことではなく、「できない」とわかることこそ自分がより賢くなっていくスタートラインに立つことを意味します。「ここできていないね。どうしてだろうね。あ、そうか、君はそう考えたのか。それも面白いけど、こんな考えもあるよ」などと、まだ理解できていなかったことを材料にして子どもと対話を重ね、励ましを努力する力に代えてわかるようになっていく。教育とはそういうものです。だからよく言われる「学校は失敗するためにある」という言葉の意味はそこにあります。失敗することで初めて問題の所在がわかり、そしてその問題を教師や友だちと一緒に解きなおしながら、子どもは賢さを積み上げるのです。

だから「できない子」がいるのではなく、「できない子のままにしている」教育があると見るべきなのです。「できない」と評価して終わりの教育の現状では、「できない子」たちは生きる力を削ぎ落とされるように劣等感を持たせられます。逆に学校や塾で前もって過去問の練習をしていた子どもは、試験ではとても良い点数を取れるので、自分は「できる子」だと思わせられます。そのために、上級の学校に入学できたと思ったら急に学習すべき問題量が増え、すべての科目の課題に対応することができなくなって成績が下がり始めるケースが少なくありません。そしてそれまで経験したことのないストレスに直面し自己否定感を強めて生気を失っていく子どもの不登校の相談が増えているのです。

点数で子どもを比較し評価することに慣れてしまうと、そういう問題が隠されていることが目に入らなくなります。それゆえに点数さえ取れれば良いという教育に慣れると、本当に大事な子どもの心が見えなくなる。これが能力主義の怖さです。そしてじつに多くの子どもが「自分はできない」「自分は価値がない」と思わせられ劣等感にさいなまれています。その劣等感の先にあるのは自分の将来への希望の喪失です。そういう子どもたちに出会うたびに思うのは、できないことが問題なのではなく、どうしてできなかったのかについて、その理由を先生と一緒に考え克服しようとする本当の教育の不在の深刻さです。理由がわかるようにちゃんと先生や友だちと一緒に解決しながら学び合っていくこと、それこそが教育なんだということを伝えたいのです。しかし不登校の子どもや親たちにそれを伝えるのは、有能なカウンセラーであっても簡単なことではありません。

ところが教育の歴史を振り返ると三〇～四〇年前の学校では、そういう教育をしている先生の姿に度々出会うことができました。私の娘が小学校四年の時の経験だったと思いますが、受け持ってもらった先生がそういう教育を実践している方でした。返してもらった試験の答案用紙には点数が書かれていませんでした。この先生はどういう考えで実践をしているのかと思い、後にお会いした時に話を聞いたのですが、とても納得できる話でした。

もちろん、管理職からは点数をつけるように言われていたでしょう。けれどその先生は、「子どもはみんなできる。時間内に早くできることだけができることの意味ではない。時間をかけてできることも立派なできるだ。そのためには点数は必要ない」と言っていました。そして子どもの答案用紙には×をつけず、○だけがついていました。「ここはもう一度やってみよう、もう一度家で勉強してきてごらん」と言い、そして「教科書を見ながら一生懸命やってごらん」と励ますのだそうです。子どもは教科書を調べると間違いがわかる。そしてやりなおして持っていくと丸が増える。こうして全部丸がついたらみんなに百点をつけるのです。

そうすると何が困るのかというと通知表をつけるときです。みんなが「5」になるからです。それこそが教育の成果なのですが、能力主義ではそうではない。できない人がいないと困る仕組みになっているからです。つまり「5」は全体の七％「4」は二四％……「1」

は七％と枠が決められているのです。これができない子どもがいないと困る仕組みです。皆ができるようになることより、能力の差によって序列をつけることを重視するのです。これが能力主義であり人材育成のシステムです。こうして子どもたちに順番をつける仕組みの中で、みんなに百点をつけてくれたその先生は、一人ひとりに便りを書いて通知表と共に渡していました。

北欧の国々では通知表のない国がほとんどです。先生たちは通知表ではなくてお手紙で、子どもたち一人ひとりに努力して欲しい課題を知らせ、励ましの言葉を送るのだそうです。人格の完成こそが本来の教育の目的だと言いました。我々が望んでも日本ではそれにはなかなか近づけないのですが、すでに世界ではその教育へのチャレンジが始まっています。だからヨーロッパの教育学者が日本の教育を見て、「一万メートル競争に例えるとほとんど三周遅れの状態ですね」という感想を持つそうです。人格の完成という目的は人権意識と不可分で、子ども一人ひとりの権利として教育をとらえる社会的合意があるからこそ、二十人学級の実現や複数担任制の実現などによって、みんなができるようになる制度づくりにぼう大な予算をあてることができるのだと思います。

二〇二三年の五月にG7が日本で開かれましたが、G7に参加した日本以外のすべての国から「なぜ日本はＬＧＢＴＱの人々に対する人権保証の法律がないのですか？」と尋ねられたといいます。そして結局、「この人権状態のままでＧ７を構成する先進国と言えますか？」という問いかけでもあるその法律を作ることへの「要望書」が日本政府に対して出されていたのです。Ｇ７始まって以来のことだそうです。

不登校で苦しむ子どもを生まない教育とは何なのかを考えるとき、それは、一人ひとりの子どもの権利や民主主義を大切にするかどうかを基準にして国の教育政策を調べてみることが必要だと思います。ＬＧＢＴＱの人たちの人権をしっかりと保証し守ることは、個人を尊重することに他なりません。子どもの権利を実現するための教育もまた、一人ひとりの子どもを尊重する教育に他ならないと考える必要があるのです。不登校の問題を考えることは教育の本質と子どもの権利に照らして現在の教育の問題を考えることに他なりません。そのためには「三周遅れ」とさえ言われる日本の教育の、何がどのように問われているのかをもっと知る必要がありますし、それが不登校の子どもを減らしていける社会を、学校を、教育を作っていくことに繫がると私は考えています。

3. 能力主義教育を下から支える方法としての管理

(1) 起立性調節障害と「隠れ校則」

さて能力主義の価値観が支配する社会では、能力主義による競争のための学校制度と教育のあり方によって、劣等感を持たされ心が傷ついた子どもたちが続々と生み出されます。そしてその子たちが、学校や社会でいわゆる問題行動を起こすのは必然ですし、同時に能力主義の教育をしている学校では、その教育に違和感を覚えて反抗する子どもたちを管理する必要が出てきます。そのためにルールをつくり、それを守らせるための管理主義的な指導と懲罰が蔓延するわけです。「何々しなければならない」とか「してはならない」とかを決めた校則という名のルールが、教師たちあるいは校長先生の手で作られ、そのルールを破ったら罰が下される訳ですから、能力主義と管理主義はまさにコインの表と裏の関係にあると言うことができます。能力主義がますます強められている現在、学校内のルールもまた学校のすみずみにまで及び、強化されており、生活しにくい空気が学校の中に広がっていきます。最近そのことを正面から書いてくれた一人の医師の論文に出会いました。岐阜大学の加藤善一郎先生という小児神経科の専門家です。一部要約して紹介させて頂きます。

「不登校というと起立性調節障害と言われるケースが非常に多く、しかも起立性障害を不登校の原因と捉えて、その障害を治せば再登校ができるはずだと考える人も多い。しかし起立性調節障害の捉え方が一面的であるために、間違った対応で苦しむ子どものケースが後を絶たない。起立性調節障害には単純型と複合型があり、複合型が圧倒的に多いがそれを知らない医師が多く、有害とみられる対応が続いている。

その中で教師から『怠けている』『親のしつけが悪い』という指導がされ、何年間も病院に掛かりながら起立性調節障害が治らないと言って悩んでいる人が沢山いる。しかし多くの不登校の子どもと出会っていると、起立性調節障害的症状を示す複合型のケースが多く、それを知ることが重要だ」と強調しています。

さらに、その論文では次のような考察が展開されています。

「起立性調節障害複合型の場合は本人の体質や特性といった内的環境だけでなく、外的な環境の影響も大きいので治療の段階からそのケアが大切になります。外的な環境とは主に家庭と学校の環境ですが、最も大きいのは学校です。私は教育の歪みは中学校が一番大きいと思っています。内申書をはじめ、とくに『隠れ校則』が不登校の最大の原因ではないかと思っています。これ（隠れ校則）は私の造語ですが隠れ校則とは非公式のルールのようなものです。例えば、先生が質問したら生徒は『全員挙手』とか、休み時間なのに次の授業が始まる三分前には勉強を始めなければいけない『三分前学習』とか、『ノートの取り方』など個々の学習面に及ぶ決まりもあります。先生が授業ごとにクラスの態度や提出物などを5段階で評価し、全員が5をもらう『オール5day』を年間一五〇回目指すことを掲げている学校があり、生徒同士で『お前のせいで5がもらえなかった、内申書に響くじゃないか』と言って喧嘩になったりもしています」と書いてあります。

わかるでしょうか。最後の『オール5day』とは要するに、クラスに属するすべての生徒が隠れ校則を守るとクラスの全員が5の評価をもらう日のことで、それを一年間で一五〇日達成できることを目指そうという教師が作った非公式のルールです。それが達成できないとグループ全員の内申点が下がると言われています。つまり評価権を持つ教師からの一方的な指示なのです。しかし、それは校則ではありませんからどこにも書いてありません。「隠れ校則」というルールによって子どもたちが脅されているわけですが、そのため、一人が失敗するとすぐに激しい言い合いになったりしている、と紹介されています。

これは起立性調節障害という診断名をつけられた不登校の子どもから加藤氏が直接聞いた話だと思われます。隠れ校則によって師弟関係だけでなく生徒間の関係も緊張と不信に支配されており、学校のことを考えると朝起きられない状態になる子どもが増え続けるに違いありません。頑張って学校に辿り着いたとしてもクラスに入ることはできない。保健室まででは行けるけど、クラスに入ろうとすると固まってしまうという状態も考えられます。そういう空気を作り出すのはまさに隠れ校則であって、起立障害的症状が出るのは生徒個人の生まれつきの内的要因とは異なる、管理という外的要因の影響だと述べているのです。その状態を変えていくには、外的要因の除去こそが必要なのであり、発症した場合は、心の緊張が解けるケアによる対応を待つ以外にはないとも強調しています。

中学校だけでなく小学校で過ごした何年もの間、ずっとその様な隠れ校則に縛られて不登校になっている子どももいます。そういう子どもたちの中には納得できない学校のルールや友だちへの怒りはありますが、それ以上にやっぱり「自分はダメな子だ」という意識が強まって自分を追い込んで行き、ついに不登校になってしまったというケースが少なくありません。

専門機関を受診すると小学生の場合は、起立性調節障害の他に愛着障害や母子分離不安などという診断が出されることがあります。しかし学校の異様な隠れ校則にまで視野を広げて、不登校を生み出す外的要因に気づくカウンセラーや精神科医は、まだ極めて少ないのが現状です。加藤氏は起立性調節障害を単純型と複雑型に区別していますが、この視点は不登校の原因や要因・背景を考えるときに非常に重要な指摘です。本人の資質や家庭の問題に限定せず、学校も含めた生活環境と学習環境のすべてを丁寧に調べる必要があるからです。

今までも述べてきたように、能力主義による教育の変質がかつてなく強められている現在、序列化によるストレスから生まれる子どもたちの自傷的なあるいは攻撃的な反抗が随所で起きており、それを管理の力で鎮めようとする傾向もまた強まっています。その典型はゼロトレランスつまり不寛容（容赦せず）と表現される生徒管理の方法ですが、それに取り組んでいる学校も少なくありません。

金沢の教師の安原昭二氏は、小学校における生徒管理を調査し、『学校がたいへんだ』という冊子にまとめています。そこには次のような校則が紹介されています。

まず朝来た時に下足箱に自分の靴を入れるのに、かかとを手前にして入れることが求められる例です。全員の靴のかかとが手前になっていることとそれがみんなきれいに揃っていることが求められます。このすべてができていないとそのクラスは心が乱れていると評価され減点されるので、担任は下足箱の前に立って全員に靴を揃えて入れさせる指導を厳しく行っているのです。またこの学校では雨の日は子どもたちの置く傘立てへの傘の置き方が決まっています。みんな柄を同じ方向に揃えるのです。そうするとクラスの子どもたちの心が揃うからいいクラスと評価されるそうです。帰りの校内放送で朝の下足箱の評価が全校に知らされます。「合格」か「不合格」かみんなが緊張する時間です、と報告されています。

先生の忙しさも大変ですが指導の声が段々大きくなると、低学年には「怖い」と言って登校を渋る子どももでてきます。校内放送による評価の公表もまた隠れ校則の一つに他なりません。無意味で一方的に決められる「隠れ校則」に従わせることはもはや教育ではありません。そこまでしないと子どもたちを管理できないところまで能力主義教育の矛盾が深まっていると考えることができるからです。

⑵ 低年齢化している競争と管理の教育

こういう管理主義的な傾向が今日の学校教育の中にあることを私たち大人は真剣に考えなければなりません。それは文科省のデータを見ればわかることで第一章でも触れたことですが、最近数年の間にいじめも暴力も小学校低学年の一、二年生で急増し、いまや中学生よりも増加率が高くなっているということです。なかでも二年生における変化が特に激しいようです。

小学校に入る前からお受験や中学受験に向けた塾が始まっていて、幼児期から勉強への評価による序列化が始まっています。最近では幼児期の子どもがいくつもの塾に通う例さえ見られます。習い事という程度のこととは異なって、ちゃんと点数がつけられ偏差値まで出される場合もあります。その評価を目にすると長年点数と評価に馴染んできている若い親たちはどうしても一喜一憂します。前にも少し触れましたが「集団の中の位置を知りたい」と言って点数による評価だけでなく偏差値を求めて幼稚園を選ぶ親もいると聞きます。子どもは点数も偏差値もわかりませんが、その数値を見た時の親の表情とオーラに反応し、親が喜ぶことをしようと幼児期からがまんするようになるわけです。そしていつの間にか自分の興味や関心という人格の中核になるものを意識的に抑圧することを覚え、どうしたら母親が喜んでくれるか、母親に愛されるかという外発的な動機によってよい子を演じることが身についていきます。

その育ちの矛盾の最初の表れが、幼児期から小学校低学年頃の教室内徘徊や暴言そしていじめなどという行動化現象として見られるようになっています。学校においてはその行動化に対する管理と同調圧力が強まり続けるので、いつの間にか人格の中核にある自己そのものがさらに抑圧されていくのです。それを空しさとして感じ、「自己の喪失」として実感するようになるのは、抑圧された自己が爆発したり悲鳴を上げたりする思春期以降です。非行行為や自傷行為あるいは家庭内暴力などとして、見られるようになるのです。

⑶ 反省はあっても失敗はない子育て

抑圧された自己の爆発や叫びと見られるわが子の変化に遭遇して相談に来られる親たち

の中には、「私の子育てが間違っていました」とか「私の子育ての失敗です」と言って話し始めるお母さんたちがいます。その言葉を聞くのは本当に辛いことです。それを聞いて私が言える唯一のことは「子育てに失敗などはありません」ということです。子どもの様子について親が子育ての失敗などと言ってしまうのは、子どもを「失敗作」ととらえていることの告白を意味するからですし、子どもの人権という視点から考えると、子どもを更に深く傷つけかねない、自己中心的な表現と見られるからです。

それに、眉をひそめたくなるような様々な言動を呈する子どもであっても、ほとんどの子どもは、その内心を敢えて言語化すれば「自分は本当は、何をしたいんだろう。ムシャクシャするけどそれがわからない」とか「私は生まれてこない方がよかったんじゃないか」などと考えているはずです。それは人間として正常な感覚と感性を持っているからこそ感じる、非常に深刻な「存在不安」という「心の傷」の存在を示唆するとともに、自罰的な思いを意味しています。ですから相談を続けていくとほとんどの親たちは子どもの「心の傷」に気がつきます。そして、わが子の姿は、失敗作でもダメな子どもの姿でもないことに気づいてくれるのです。

また、親たちの気持ちをさらに聞いていくと、「『子どものため』と思って一所懸命やってきたけど、子どもの気持ちを考えずに親の気持ちを押し付けてきただけだった」と気づいてくれるのです。つまり「自分の期待とは違う状態の子どもになっているけど、それは子どもの気持ちを無視して子育てしてきたからだ」と言っているのに等しいと思います。そこには「子どものため」と思っていたことが、「子どもの最善の利益」とは似ても似つかぬ「親の安心のため」に他ならなかった、ということへの気づきと反省が表われている、ということができます。そして、「子どものため」と言う親の想いを激しく揺さぶりねじ曲げる能力主義教育の影響と、それに迎合する商業的文化の中での孤立した子育ての難しさを、親たちの気づきは示しているのだと思います。

そこに気がついたならば、今こそその反省を生かし、「子供の最善の利益」に照らした子どもの意思を尊重する子育てに切り替えるスタートラインに立つ時だと考えることが大切なのだと思います。「この子のおかげで私は今、ようやくスタートラインに立つことができた」と思えるかどうかだ、ということです。そして今までの子育てを振り返れば確かに申し訳ないことは沢山あるけど、でも「失敗」などという親の気持ちだけで決めつける評価のような考えはやめて、これからは子どもの意思を確かめながら、子どもと一緒に育ちなおしていける生き方を追求したい、と思い直すことが重要なのだと思います。

ともに育ちなおす生き方を求め始めると、子どもと母親の心の距離はどんどん縮まっていきます。子どもの話を聴く親の姿に出会うと子どもは親に向かって徐々に自分の気持ちを言えるようになっていくからです。「僕はそれは嫌だよ」「私はこうしたい」と言えるようになることは、子どもの中に自己が育っていくことを意味しています。人格の中心である自己が育つ上でその入り口になるのは、「ノー」（嫌だよ！）と言えるようになることだと言われています。だから子どもが「ノー」と言えたときには、それを聞いてすぐに「でもね……」と混ぜっ返す親ではなく、「そうか、嫌なんだね」と聞き取り、その理由を尋ねながら受け止める親こそが大切であることを意味するのです。育ちなおしは子どもだけでできることではなく親の気づきと努力を感じたときから始まる相互作用だ、と言っても過言ではありません。

不登校の子どもから「今日は学校へ行かない」つまり「ノーだ」と言われた、と親が報告してくれたとき、「よかったですね。ようやく自己が芽生え始めましたね。そのうちに『これがしたい』と言える自己も芽生えてくると思いますよ」とお伝えします。さらに「それが子どもの育ちなおす順番ですからこれからが楽しみですね。でも焦らずに迷った時や言い過ぎてしまったと感じた時には親の会でその気持ちを語り、一緒に学び合っていけば大丈夫です」とお伝えするようにしています。

能力主義の教育と社会の中で育ち生きてきた私たちです。過度な競争と管理そして序列と自己の喪失という大きな問題の渦中を生きてきた私たちでもありますから、私たちの生き方や子育てには過ちがいっぱいあって当然です。だからこそ過ちだけを問題にするのは正しくないのです。大切なのはそれをしっかりと捉えなおし、反省し、学びなおそうとすることであり、その視点に立つかどうかが、一番大事なことだと思うのです。

不登校の親の会で親たちの話を聴きとる仕事を通して強く思うようになったことがあります。それは高いハードルを踏み越えて親の会に初めて来て下さった親たちとの出会いの時に感じる思いで、「この子にとってこの親がいてくれれば大丈夫」という思いです。本当にそう思うようになってから久しいのですが、それはやはり自ら子どもとともに育ちなおそうと決めた親たちが、必死に生きなおそうと努力する姿から学んだからに他なりません。

第4章

不登校の子どもと歩む 親たちの想いに学ぶ

1. 二つの比較を乗り越えてこそ
—不登校、それは家庭に助けを求めた子どもたちの姿—

(1)「普通」、それは比較の言葉

子どもたちが不登校になるのには様々な意味が込められていますが、その一つに家庭に助けを求めてくれたという意味があります。もしも学校の中に何らかの「逃げ場」があれば、そこに助けを求められるかもしれませんが、残念ながら今の学校の中には安心して頼れる逃げ場がありません。生徒たちのそうした様子に気づいた一部の先生たちの中には、苦しさに耐えがたくなった生徒たちが、安心して頼れる逃げ場をどこかに作る必要性を感じ、放送室や保健室や相談教室を逃げ場として使えるようにする実践をしてきた方たちがいます。決して多くはないようですが、そのような先生たちは子どもの心への特筆すべき

理解者であり、実践家だといえます。しかし全国的にいえることは、二〇二三年に文科省の新しい方針（「COCOLOプラン」）が示されるまで、残念ながらそういう先生たちの実践は学校現場ではあまり歓迎されていませんでした。

そうした事情もあって子どもたちは家庭に逃げ場を求めるしかなかったと考えられます。もう数十年も前から日本社会の現状は、徐々に管理の網が張り巡らされ、家庭と学校以外には社会の何処を見渡しても逃げ場がなくなってきたからです。

そして周囲の人々に過敏と思われる程敏感になっている子どもたちは、親たちの言葉の中によく出てくる「普通」という言葉に鋭く反応しています。子ども自身も自分が元気な時にはほとんど気にならなかった言葉でしょうが、様々な苦しみを抱えて学校に行きたくても行けなくなった時から、子どもにとってそれは非常に否定的で暴力的な意味を持つ言葉になるようです。この「普通」という言葉には比較の響きが込められているからです。

ほとんどの子どもがしている登校が「普通」で、それができないこの子という比較です。しかもその比較のニュアンスに気づかず、異常を示唆して他者を否定する意味を持つことを理解せずに抵抗感なく使う人が多い言葉なのです。子どもの前で「普通」という曖昧模糊とした基準を持ち出して比較すると、この子はおかしい、異常だと言われているように子どもは感じるのです。そのように見なされているのではないかと思うだけで子どもは「普通」でない自分を感じて苦しみ、「心の傷」が深まっていくわけです。

そんな時、不登校になって間もない子どもたちは、その違和感を説明できないために叫ぶしかありません。「自分はおかしいのか?自分は生まれてきてよかったのか?こんな異常な自分は死んだ方がいいんじゃないか、自分が生きていることが親を苦しめるんじゃないか」等々と。その叫びは時には絶望感に直結した自己否定の苦悩の表出であったり、破滅的な思いを込めた感情の爆発であったりするのです。それは自分が異常だと周りから思われていることに非常に敏感に反応している子どもの姿と捉えることができます。

そして特に「死」という言葉をわが子の叫びの中に聞いたときには、その意味がわからず驚かない親はいません。「ダメダメそんなこと言わないで。悲しすぎる」などと言って、その叫びを否定したくなる気持ちが抑えられなくなり、思わず子どもの言葉を否定してしまうのです。子どもからその言葉を聞いた時の気持ちは親の会でも時々話題になることがあります。そして親は自分が「そんなこと言ってはダメ」と言わないと子どもが本当に死んでしまうのではないかと感じて口にしてしまった言葉が持つ否定の意味に気づきます。そして、自分の不安の表出に過ぎないその言葉が子どもの不安と自己否定感を一層強め得ることを、他人の経験に共感しながら何度もくり返し学んでいくのです。つまり子どもが発する「死」という言葉には、「この子は普通ではない」、「この子は異常だ」という大人たちが発するオーラの中で強まる、自己否定感の表出という意味があることを学んでいくのです。子どもの心のシグナルとその意味についてくり返し学ぶことの大切さと、わが子の叫びを聴くことができる唯一の大人として、自分が感じた苦しさを吐き出せる場があることの重要性を確認する必要があります。

その上で、親自身が「普通」という言葉が含む比較の目で子どもを見てしまいがちなことを自覚し、この子は今何を感じ苦しんでいるのかに関心をもって、子どもの言葉を聞き続けることの大切さを心に刻むことが必要なのです。

親が子どもを受け入れ子どもに寄り添うということは、このような様々な経験をし、他人の経験に学んで「ああ、そうなんだ。子どもはそんなふうに苦しんでいるんだ」ということに気づき、自分をコントロールして子どもの心に近づく努力なしには不可能です。そうした経験を重ねて初めて子どもが安心して話せる親子関係に変わっていくことができるのです。語り合いと学び合いを通して子どもたちのシグナルをしっかりと受けとめる、そういう努力を懸命になってしてくれる親の存在の大切さを改めて強調したいと思っています。

繰り返しますが、子どもの不登校というのは、その状態自体が言葉にならない心の辛さを行動として表出したシグナルです。不登校という状態は症状や、叫びとして出てくるシグナルと同様に、子どもの苦しみの表出であると同時に、言葉にならない辛さをわかってほしいという親への訴えが込められている姿なのです。症状にも行動にもそして叫びにもこのような二重の意味が込められている点の理解が重要です。その意味を読み解くことを重ねていく中で子どもへの理解が深まり、その深まりに比例して、子どもの心に近づくことができるからです。

子どもたちの状態と言動を、第一章で学んだ三つのシグナルという視点から見ていくと、「うちの子どもがやっていたあの行動もシグナルだったんだ」とわかるようになります。それは子どもの辛さの表れであって、決して異常だからではありません。そこのところがとても大切です。それらはほんとに命に関わるほどの辛さを感じているからこそ出てくるシグナルであって、その辛さを感じられる子どもの心は正常です。正常ゆえの反応としてシグナルを発するところまで子どもの心を抑圧する主な要因・背景が学校と子どものミスマッチ状況であり、子どもが家庭に助けを求めるしか術がない今日の社会と学校の状況を物語っているのです。それが不登校という問題の全体像をとらえる上で必要な見方だということを皆さんにぜひ知っていただきたいと思います。

⑵ わが子と「わが子ども時代」との比較――無意識の比較

不登校の子どもにとって父親の存在と言動は最も刺激的なものの一つです。そこで、子どもの「心の傷」に最も堪《こた》える父親の言葉を考えてみたいと思います。

今お話しした「普通」という比較のモノサシは多くの人がよく使う言葉です。ところが親たちの話をよく聞いているともう一つの比較のモノサシを持ち出して話すケースが少なくありません。それは「二人の子どもの比較」と言われていることです。

これはアイデンティティという言葉を提案した世界的に著名な精神分析家のE・H・エリクソンという人が述べていることです。一人の子どもは目の前の「わが子」で、もう一人の子どもは「子ども時代」の自分自身です。エリクソンは目の前の子どもを「チャイルド」と呼び、そして自分の子ども時代を「チャイルドフッド」と呼んで区別していますが、この二人の子どもの比較が目の前のわが子を苦しめる場合があると言っています。

父親から見れば自分の子ども時代だってつらいことはずいぶんあったと思っています。でもみんなの期待に応えなければと一所懸命頑張り、困難を乗り越え頑張ってきて今の生活がある、と大体そう思っているわけです。ほとんどの大人にとって自分の子ども時代というのは、幾つもあったはずの失敗や逃避の記憶は薄れて語られないのに、困難を乗り越えた成功体験として記憶され、語られている「物語り記憶」なのです。しかし子どもが苦しんでいるときであっても自分の成功体験を基準として語られる父親の話の最後は、一方的な励ましの言葉である「だからお前も頑張れ」で締めくくられることが多いのです。そんな話を聞かされると子どもは父親から自分のすべてが否定されているように感じてしまいます。

その傾向は多くの母親たちにとっても同じだと考えられますが、特に父親の多くに見られる「物語り記憶」へのこだわりは非常に強いものです。それゆえに自分の子ども時代と比較したわが子の姿に対して「この子はこんなことで将来自立できるのか?」「この子は一家を構えられるのか?」という強い不安を抱きながらも、将来に焦点を当てた子どもの姿にこだわるのです。

そのイメージからずっと引き算して今の状態を考えたとき、「もしこのままでいたら自立は難しい」という思いが強まるのだと考えられます。それは、話の最後に子どもに「頑張れ」と励ましの言葉（圧力）をかけることに表れています。しかも「このままじゃだめだ」という思いから、ネガティブに子どもの現在を評価し否定する言葉が口をついて出てしまうケースが少なくありません。その根っこにあるのがまさに二人の子どもの比較です。不登校をしている子どもが男の子である場合は特にそれが顕著です。ここには「一家を構える」という発想とも重なって、今日の日本のジェンダー問題の根っこも見え隠れしているのですが、女の子の場合だと、「まあ将来誰かに嫁ぐことができれば…」というかなり古い考えがないわけではないとも思われます。

大事なのは無意識のうちに比べる基準となっている記憶、つまり子ども時代の自分の物語りがあるということです。それを基準として子どもを評価している自分に気づいたら、その比較をできるだけ保留する努力をしてほしいのです。目の前の子どもが、自分にはわからない何かに苦しんでいる、それはいったいどんな苦しみなのかにこそ焦点を当てて考えてみてほしいのです。そしてそのように考えることの大切さに特に気づいてもらいたいのが父親だということです。その問題点に気づくまでに父親の場合は相当の時間がかかります。父親の場合は子どもの現在の生活から考えるよりも「将来」のこの子の自立に対する期待から引き算するように「現在」の課題を捉え、子どもを励まし、叱咤することが親としての役割だと思っているケースがよく見られるからです（これについては第二章でも簡潔に触れましたが）。「心の傷」の痛みに苦しんでいる子どもに対して将来に向けた現在の課題への努力を求めることは、「心の傷」を癒やすことを困難にさせることを意味します。その点への理解を深めるために是非とも相談の場に母親と共に参加して欲しいと願わずにはいられません。

⑶ 親の自己変革に歩調を合わせて子どもは育ちなおしをする

三十五周年を迎えた長崎の親の会には『親の会通信』という月刊の通信があります。その長崎の『親の会通信』の二〇一八年十二月号には、一人の母親が書いたこんな手記が載っていました。

「娘の不登校が家族そして母親の私に変化をくれました。今年十八歳になる末娘が不登校になったのは中学一年の十一月でした。なぜ学校にいけないのか、娘本人もわからない状態で始まりました。ただただ戸惑い、布団から起きられない娘を見守りました。娘の不登校という大きな出来事によって、私は三つのことを学びました。心を大事にすること、自分の心を理解すること、そしてコミュニケーションです」

　一人の母親が、自分が学び気づいてきたことを整理してこのように表現してくれたのです。苦しむわが子のために必死に学ぶ母親と学び合う親たちのすごさを改めて教えてくれる手記だと思いました。少し長いですが紹介させていただきます。

「まず心を大事にすること。わが子の不登校をどうすればいいかわからなかったので、親としての学びを始め、心を学ぶ講座などに参加するようになりました。子どもの話に耳を傾ける、話さない時は子どもの心を推測する、そしてさらに学んだことは子どもの心だけではなく夫の気持ち、自分の気持ちにも心《原文ママ》をはせ尊重することでした。

　自分の心を大切にし始めると自分がいかに頑張っているか、疲れているかがはっきり見えてきました。自分を休ませると心に余裕ができて、娘や夫も頑張っていることがわかってきました。娘や夫に『どうしたい？』と言葉にして尋ね、自分の気持ちを尊重することに心掛け、また自分がしたいこともはっきり言うようにしました。自分の心を大事にすると人の心も大事にできるのだなと思ってきました。

そのような日々の中でだんだん外にも出られるようになった娘が参加したのが広木先生の講演会でした。なぜ学校にいけないのか彼女自身でもわからないでいた心の中を、講演で語られたお話で解き明かされました。学校での出来事などでもやもやと湧きおこる感情や思いが講演で明確化されすっきりしたようです。弟子になりたいとも言いだしたりして毎週木曜のフリースペースでの活動を楽しみにするほど元気になっていったのです。その後あちこち見学して自分に合ったフリースクールに通うようにもなり、野外活動やボランティアなど様々な出会いでさらに生き生きと変わっていきました。娘は自分の心を自分で表現できない時に広木先生に出会ったことで自分の心を理解でき、次の一歩を踏み出すことができました」

自分の心が他の人にわかってもらえる。つまり自分の心は異常ではなく他の人にも理解でき、言語化が可能な正常な心であるとわかって納得できた時、この娘さんは動き出したのだと思います。

「そして最後にコミュニケーション。私は長いこと自分が考えていることや言いたいことをあまり言えずに過ごしてきました。私自身が育つとき母が厳しく、母の価値観で家庭の中が覆われていたからだと思います。母が納得する言動をしていれば穏やかに過ごせました。何かを何気なく言ったり、したいことをやったりしたときには注意されたり怒られたりしたことがありました。母が子どものために良かれと思って言ってくれていることはわかっていたので、受け止めていました。私は家ではありのままではいられず緊張感がありました。自分が言いたい言葉よりも母が望むような言葉を自然に言うようになっていました。つまり自分の心を大事にしない、自分の心にふたをして過ごしていました。

過去に否定された経験が多くなるとまたこう言われるだろうという否定のおそれが生まれます。でも現実には常に否定されるわけではないはずです。それを否定されるだろうと予測するので否定されるようなことが次々に起こるのだろうと思います。娘が『ニュージーランドに行きたい』と言ったときに、お父さんが『高校を出てから留学すればいい』と言いました。前の私だったら夫に何も言えなかった。でもこうやって自分の心をちゃんと見つめていたので、『お父さん、中学校卒業せんでも、今ニュージーランドに行かせてあげていいんじゃない』と言いました。思い切って言いました。すると夫は『そうか、じゃあそうするか』とあっさり。ダメだと言われることを覚悟で勇気を出したのに、否定されなかった。娘を応援するために乗り越えるつもりでしたが、否定されなかった」

そのことで母親はやっぱり言ってよかった、自分の心を大切にできてよかったと実感できたのです。全身の力で自分の心を守り表現できた。子どもが全身で訴えたシグナルに教えられて自分の心をちゃんと夫に言うことができた。いわば夫婦が対話のできる夫婦としてよみがえることができたと、そんな経験もこの母親は書いてくださっているのです。

こうして親が子どもの心を理解し、そして自分自身を見つめなおしながら、本当の意味で子どもに寄り添える自分になっていく姿が描かれています。それを私流にやや堅い言葉で表現すれば一つの自己変革と言えるようなそんな気づきなのだと思います。そしてさらに考えさせられたのはわが子のため、この一人の子どものために大変な勇気を出して、子どもに寄り添うとは何かを学んで表現してくれたことの素晴らしさでした。

多くのケースが教えてくれている教訓の中からもう一つ紹介しておきます。「間接話法」と私が名づけた父と子の関係づくりです。

思春期以降の子どもは父親に話すには少し緊張があり、いくらかの距離を感じて躊躇することが多いようです。しかし母親には思っていることの一部ではあっても話したりぶつけたりすることが多いものです。ですから父親は母親からの又聞きを大切にすることで子どもの話を聴くことの難しさや大切さに気づいていくことができるはずだと思っています。これが「間接話法」ですが、その有効性と大切さを知っているのと知らないのでは大違いです。

勇気を出して親の会に参加した一人の父親は、「間接話法」についての私の話を聞いてくださり、実践してみたそうです。そして、「お母さんが子どもの話を聴き続けるのも楽ではないだろうけど、頑張って聴いてくれて大分わかるようになった。ありがとう」と、そんなふうに思えるようになったと話してくれました。それを聞いた母親は父親からものすごいパワーをもらって一層深く子どもに寄り添うことができるようになったといいます。夫婦の間ではそれまでは逆向きに回り、こわれかけていた歯車が、前向きに揃って回り始めた実例です。母親と父親の歯車が噛み合うようになると子どもの変化は早くなります。家の中の緊張していた「空気」が変わり、家中が安心して過ごせる居場所になって子どもは安心して自分の気持ちに向き合えるようになるからです。そうすると子どもは現在の自分の気持ちを整理し、近い将来のことを考えることができるようにさえなるのです。

埼玉県の親の会の連絡会には『紫のつゆくさ』という会報があります。それを読んでいたら「広木先生の講演は即効性はあまり期待できません」と書いてあるのに出会いました。ドキッとしました。一瞬ですが、「私の学びの浅さが皆さんに見透かされているな」と思ったのです。でもそのあとにこう書いてありました。「しかし親子ともじわじわと確実に効き目があります。子どもの意欲、動き出したらそのスピードにびっくりです」と。

長かった時間をこんな風に言葉にしてくださる方もいるのだなとドキッとし、感動し感謝しながら読みました。まさにこうやって親が学び自ら気づいて変わっていくと、それに歩調を合わせるかのように、少し遅れながら子どもに変化が現れます。親の気づきと関係の変化に支えられながら子ども自身が変わっていくのです。それが私が長い間関心を持ってきた「育ちなおし」と、そのために必要な条件に他なりません。子どもの本物の「育ちなおし」は目に見える急速な変化としてではなく、親自身の自己変革と歩調を合わせるようにして一歩一歩少しずつ進んでいくものです。そこのところが非常に大切だということを皆さんにもぜひ知っていただきたいのです。

2. 親の自己変革に見る三つの心のステージ

相談員としての私自身の経験を踏まえて、親自身の力による自己変革の道筋を少し整理してみました。大変大雑把ではありますが、苦しみながら学び合い、学びながら着実に変化していく親たちの姿とその意味を知ることは、一人ひとりの親の話を聞きながら、その親を信頼して聞き続ける相談員のパワーの源にもなるからです。

今、親の自己変革という言葉を使いましたが、それは単に知識や方法を身につけるための学びによって遂げられるものではありません。それは不登校であるわが子と共に生きる関係の中で、一人の他者としてわが子を見ることを学ぶことであり、親としての自分の思いから独立した一人の人間であるわが子の思いに関心をもって生きるということでもあります。つまりそれは、他者であるわが子の姿を、そうならざるを得ない、意味のある姿として受容できるようになる学び合いによって行われるのです。

現在のところその自己変革には三つの心のステージがあると考えています。「自分自身の苦悩が中心のステージ」「子どもの気持ちに心の重心が移動するステージ」そして「子どもの育ちなおしを信じて待てるステージ」の三つです。

この問題の説明に入る前に強調しておきたいのは、それぞれの心のステージには上下がないということです。なぜならそれは親の心の重心の変化であり、それぞれのステージなしには次の心のステージの扉は開かないからです。それからこれらの心のステージの移行は「親の会」で話を聞き、親自身が思いを語る体験によって促進されますし、同時に家族の構成員同士の関係と認識のあり方によって顕著な変化が見られることです。

(1) 第一のステージ=それは親である自分の苦悩が中心になっている

わが子が不登校になった当初、親は子どもの状態を見てほんとに驚き、ショックを受けて慌て、子どもをとにかく励まして元のレールに必死に戻そうとします。それ以外に何も思いつかないからですし、何よりもまずそれこそが「子どものため」だと思うからです。でも、その時に「子どものため」だと思っている親の話の内容は本当の意味での子どものためとは異なり、学校に行けずに苦しんでいる子どもの姿を見ると不安で一杯になり、早く安心したいという親自身の願いのためではないかと感じられます。子どもが苦しんでいることはわかっても、まずは親である自分の苦しみと不安で頭が一杯になります。私はこのステージがとても大事だと思うのです。というのは、ここで親は、今まで省みることの少なかった自分の心（エゴ）に出会い向き合うステージだからです。最初親の会に来て涙ながらに自分の気持ちを話してくれた時には、大変僭越な表現になりますが、その時の涙は、苦しみの渦中にある自分のための涙であることが多いと感じます。しかし、そこで悩み苦しむエゴとの葛藤なしに次のステージが見えてくることはほとんどないと言える程に、一人の人間として苦しく、意味の深い涙なのだと思います。

その自分の苦しみの中心に座るのは世間体です。そしてこの世間体が親の言葉の背後にへばりついているのを子どもは耳ざとく聞き分けて、「私の苦しみよりも世間体のためにそんなことを言っているのか」と、親に対して怒りを向けるような言葉さえ吐きかけられるケースもあります。その時子どもが親に問うているのは「世間体ではなくて、もっと私の苦しみをわかってほしい。悩んでいる私をちゃんと見てわかってほしい」ということだと思います。「子どものため」と言っていることが実は「自分自身のため」であると言いましたが、自分の苦悩が中心の最初のステージを体験している親の願いには二つのことを求める傾向が見られますし、そこにひとつの特徴があるといえます。

一つは原因を求めることです。しかもその原因をもっぱら外に求めるのです。外というのはまず学校に原因を求めます。先生に原因を求めます。またはいじめに原因を求めたりします。もちろんそれらはどうでもいいことではなく、とても大切なことではあります。しかし難しいと思うのは、その関心には原因がわかれば対応の方法もわかるはずだという気持ちがあることです。今、仮に何かの原因が見つかり、その原因に対して考えついた方法で対応してみても子どもは元気になるわけではありません。さらにこの原因を求めずにはいられない気持ちから、父親など家族への不満を強めるケースもあります。朝早く会社に行くと夜遅くまで残業して帰ってこないし、子育てで困ったときに話しかけても相談にのってくれなかった父親に対して、「お父さんがこうだから」と父親への不信感を募らせる場合もあるのです。そして、さらに子どもに何か障がいがあるのではないか。だからこうなっているのではないかと考え、子ども自身に問題を見つけようとするケースもあります。「○○障害という診断が出た時、何かホッとする自分がいました」と後になって反省と共に語ってくれた母親がいました。いずれにしても、あまりにもつらく苦しい状況の耐えがたさから逃れようとするかのように、何かに原因を求めずにはいられない気持ちと、親としての反省と葛藤に突き動かされる時期、それがこの最初のステージに立って悩んでいる親たちの気持ちではないかと思います。

ここで仮にいじめがあって学校に行けなかったとしましょう。その場合いじめている子どもにいじめを認めさせ、その子に謝らせ、そしてクラスの中にいじめがなくなったからといって、子どもはすぐに、元気を回復して学校に戻れる訳ではありません。実は何らかの症状を呈しながら家の中に引きこもるほどのシグナルを出さずにはいられない子どもの心は、既に傷を負って痛みを感じていると考える必要があります。つまり不登校になるまでに十分苦しんできてこれ以上耐えられなくなるほど心が傷ついているのです。

まだ少しゆとりがあるとき、ゴムが伸び切っていない場合、その子どもたちの中には苦しみを抱えながらも学校に通っているケースが少なくないと考えられます。しかし不登校になるまでの何ヶ月か、場合によっては何年も苦しみ続けた子どもたちの場合には、伸び切ったゴムがこれ以上伸びると切れると感じるくらいになり、その苦しみからの解放を求めて「死」という言葉さえ頭に浮かぶようになって不登校になる子どもたちが少なくありません。だから腹痛が起きたり頭痛が起きたり、吐き気が起きたりと、いろんな症状が出ますし、「あの子が?」と思うような暴力をふるったり暴言を吐いたりするのは、言葉にならない「心の傷」の表出に他ならないのです。その心に傷を負った子どもたちを本当の意味で救っていくには、「心の傷」を癒やすことから始めるしかありません。

傷ついた子どもの心にはその心が癒される固有の法則があります。しかしその法則を説明しても、その内容が胸に響かぬ程に、親の思いは原因の発見とその払拭によって、子どもと自分自身を苦しみから解放したいという思いに囚われているのだと思います。しかも不登校の原因というのは簡単に見つかるものではなく、ピンポイントに決められるものでもありません。だから子ども自身に尋ねたとしても不安や苦しみの本当の原因が何であるかは、わからないことが圧倒的に多いのです。第二章でやや詳しく述べたように、学校と子どものミスマッチなどということは子どもにはなかなかわかりません。だから親が自分自身を責めたり誰かを非難したりしても子どもたちの苦しみは軽くはならないわけです。これらの矛盾が見えず出口が見えないところに、親自身の苦悩が中心となるこのステージの特徴があるのです。

そして二つ目の特徴は、親たちが「どうしたら学校に戻せるか」の方法についての情報を求めることです。相談に来られた親たちの九九%は最初にこう言います。「先生どうしたら学校に戻せるでしょう?」と。でもその方法は「残念ながら誰にもわかりません」と答えることしかないのです。子どもが自ら学校に行こうと思うまで、子どもは休むしかないし、その間子どもは「心の傷」を癒す大事な時間を過ごす以外に方法はないというのが答えなのです。それは「心の傷」が癒えるまでの法則的な過程なのであって、「学校に戻す方法」ではありません。いつまで子どもが休むか、どうしたら学校に戻るか、それは誰も予め見つけることなどできないからです。

自分自身の苦悩を中心としたステージで何ヶ月も考え続けた一人の母親がいました。その母親は親の会に来て他の人の相談や意見交換などをじっと聞いておられました。毎月の親の会に来ては部屋の隅に座って皆さんの話をじっと聞いておられる母親でした。いつ発言するだろうかと気になってはいたのですが、ずうっと話しませんでした。でも半年くらい経ったときにその母親は初めて口を開きました。

「私はここにきてからどうしたら子どもが学校に戻せるか、その方法を広木先生はいつ言うかと思ってずうっと座っていました。でも先生はこうすれば子どもは学校に戻りますよと一度も言わなかった。なんでだろう? と思って聞き続けていたら、やっとわかりました。不登校の子どもに関わるには、どうすれば学校に戻るかではなくて、まず子どもの苦しい気持ちを理解することが大事なのだと先生は話してこられたんですね。だから、あなたのお子さんはこんなことに苦しみを感じているのではないですか、ということを先生は一人ひとりの親の話を聞いてからずっと話し続けてきたのですね。それが初めてわかりました」と。

その母親は何ヶ月もの間、参加された皆さんと私との対話そして親同士の語り合いを聞き続け、そういう大切なことに気づくことができたのです。それは彼女にとって第一のステージの終わりを意味する言葉だったと私には感じられました。

⑵ 第二のステージ＝それは子どもの気持ちへと心の重心が変化する

第二のステージは自分の不安や心配は続きますが、関心の中心が自分の気持ちではなくなり、子どもの不安や苦悩へと移っていく変化の時です。言葉を変えて言うと、親の会などで学んでいくうちに、子どもを学校に戻す方法を学んで早く楽になりたいという自分自身の気持ちへのこだわりに気がつきます。それを克服しなければと思い続けている内に、やがて、子どもの気持ちを知りたいという気持ちが強まるようですが、それが、心の重心を切り替えていく極めて重要なきっかけです。新しいステージに移るまでの間、母親たちは子どもが全身で示す症状に不安と心配が募ったり、聞くだけで苦しくなるような激しい言葉を浴びせられたりすることが少なくありません。または心が凍るかと思うほどの子どもの自傷行為を目の当たりにして眠れなくなる経験をする人もいるのです。「心の傷」の表出は子どもにとっては言葉にならない自分の葛藤や不安の行動化、症状化に他なりませんが、それと向き合い続け、理解ある共感の言葉をかけてくれる人と出会うまでは続く、と考える方が事実に即した表現になるのではないかと思います。

中学生の息子さんに暴力を振るわれても、「あなたのその気持ちを知りたい」と思いながら、自分の限界を感じるまでその暴力と向き合う道を選んだ母親に出会ったことがありました。その母親は子どもの暴力の様子を詳しく話しながら、子どもが何を求めているのか知りたいと相談に来られたのです。私は、その母親のどこに子どもの手が伸びているかを聞いてみました。多くの場合背中とか二の腕が多いようですが、その母親の場合も顔には手が伸びていないということでした。それは母親に対して「この空しさと辛さをわかって欲しいのに、なんでわからないんだよ」という思いが行動化した姿である可能性があると正直にお伝えしました。

もしも母親を憎むとか母親を否定するとかいう思いが強かったら、母親の顔にさえ暴力が及ぶ場合があるからです。それは一所懸命子どものためを考えているつもりなのに、「何でそんなことをするの」と自分自身の苦しさにこだわって問い詰めてしまう自分の心に気づけず、子どもの気持ちに関心が向いていない場合などに見られるシグナルです。実際に相談に来られたその母親の話を聞きながら感じたのは、第一のステージを越えて第二のステージに移行しつつある親の言葉だということでした。

自分自身へのこだわりを保留して、子どもの思い、子どもの苦しみ、それが一体何なのかを懸命に知りたいと願う、そういうステージに移行しつつある母親たちは、子どもが話してくれる言葉はどんな一言でも宝物のように感じるといいます。どんな一言でも、母親の過去の自分を問い詰める言葉でも、または学校を非難する言葉でも、父親を厳しく非難する言葉でも、その言葉の一つ一つが、子どもが自分の苦しみを伝え、その苦しさから救ってほしいという願いを伝える言葉だと捉えるようになるのです。今日一日で耳にした子どもの言葉を夜寝る前に思い出して記録したノートを親の会に持ってきて、これはどんな意味だと思いますかと尋ねてくださる方もいます。

そういう方の話をずっと聞いていると、子どもの言葉が少しずつ変わってきたプロセスがわかります。相談される度に「お子さんはひょっとしたらこんな気持ちでその言葉を使っているかもしれませんね」と感じたままにお話すると、「じゃあその気持ちを想像しながら子どもの話を聞いてみます」と言われます。そうやってお母さんが子どもの気持ちに関心を持ち、受け止める姿勢に変わると間もなく、子どもの行動と話が変わり始めるのです。

一方で仮にそれが母親であっても、子どもである自分の問題点を探して評価している上から目線の表情を感じ取ったときには、子どもの口から気持ちを語る言葉は生まれてきません。話そうかと思っていた言葉を飲み込みます。最初のステージにいるときの母親の表情にきつさを感じていたからでしょうが、子どもの気持ちに関心を持つようになって、「そんな風に思っていたんだね」と聴き取る姿勢を示したときの母親の表情からは柔らかさを子どもは感じているようです。だから最初のステージにある時は、子どもはちょっと話しかけてはまた引っ込めたりしますが、その引っ込んだ部分が沈黙になったり暴言になったり、物を壊したりということになるのではないかと思います。

ところが第二のステージに辿りついて子どもの心に関心を持ち、子どもの言うことややることには全部意味があると捉えられるようになると、親は次第に子どもの言葉を聞くだけでなくその心を聴けるようになるのです。その時の親の表情は子どもにとっては、もっと聞いてくれそうな、もっと話せそうなそんな気持ちになるのでしょう。子どもはいろんなことを話したくなる程に心が軽くなるようです。その頃になると子どもの話はどんどん長くなり、深まっていきます。

そのうちに子どもが「お母さんにだいぶ心配かけてしまったね」などと言ったり「僕、二学期から学校に戻ろうと思うんだ」などということをひょいと言ったりするケースもあります。実はその変化を引き出すのが、相談と学び合いを重ねて、親が獲得してきた子どもの想いを聴き取る力なのです。

第一のステージの時を振り返ってわかる自分の変化は、子どもの話を聴き取る姿勢ではなく、ふと気がつくと子どもの話を「でもね」と遮って、説得するような言葉を返してしまうことが多かったということです。そしてその頃は、子どもが話してくれる行為そのものの意味よりも、子どもが話す内容の是非や良し悪しに関心が向き、反応していたこともわかるのです。そのステージを苦しみながら乗り越えたからこそ子どもの話を吸い取り紙のように、全て受け止めることができるようになる。それが第二のステージです。子どもの話を無条件に聴き取る。それこそが子どもに寄り添いつつ子どもの「心の傷」を癒す最も確かな道なのです。

⑶ 第三のステージ＝それは子どもを信じて待つことができる

その第二のステージを体験した親が第三のステージにたどり着くとき、親が本当に理解するのは子どもの育ちなおしを待つ、ということです。子どもを「信じて待つ」ということは、子どもには自分の中に育ちなおす力があることを信じることであり、何かをさせようとする思いを乗り越えて、子ども自身がこんなことをしてみたいと自発的に言ってくれるのを待つことです。そして何かをしたいと言ってくれた時には、「それをしたいのならやってみてごらん」と勧めてみることです。そうやって子どもに寄り添って待つと、子どもの中から育ちなおす力が徐々に、しかし確かに湧き出してくるのです。そして子どもは動き出します。

ここでその姿を端的に示している事例をお話しします。

以前にも本に書いたことがあり、繰り返しになり恐縮ですが、とても多くのことを学ばせていただいたケースなのでお許しください。

とても真面目で穏やかだったその男の子は中学二年生の終りごろから不登校が始まりました。当初その子は辛さのあまり少し荒れたようですが、暫くすると親の会に通い始めていた母親に「俺の足を揉んでくれ」と要求するようになったそうです。要求したというより命令したというべきかも知れません。その時の母親には子どもの気持ちを理解することの大切さは充分わかっていたのですが、それでも子どもの要求を受け入れるべきか迷い、なかなか受け入れきれなかったようです。もしも子どもの言いなりに足を揉んであげたら、「そんな甘やかしをするから不登校になるのだ」と家族からも周囲の人からも言われるのではないかと思い、その甘えを受け入れていいのかどうか本当に悩んでいました。ただその不本意な気持ちのまま揉んであげても、それは子どもの願いに応えていることにはなりません。触れられる心地よさを求めている子どもの心に跳ね返されるからです。

そんな気持ちで相談に来られた母親の話を聞いて、「今の息子さんの心を私の言葉で表現すれば、育ちなおしへの思いが芽生え始めた状態と言えるのではないかと思います。だからお母さんとの関係を確かめ直したいと感じている可能性があるとおもいます」と話をし、さらに「子どもが母親に触れられるという形のスキンシップを強く求めているようでもあり、それは無意識のうちに幼児期に味わう感覚をこの子が求めているようにも見えます。そうだとすれば息子さんの再確認の要求をしっかりと受け止めるために、心を込めて足を揉んであげることが大切です。この判断が外れていなければきっと『お母さんもういい』と言ってくれる日が来ると思います。育ちなおしに向けて親子関係の再確認を始めた可能性を信じて息子さんの足を揉んであげてください」という趣旨の話をしました。

これは思春期を過ぎた子どもが母親の布団に入って温もりを求めてくる幾つものケースで指摘されてきたことと同様の判断です。しかもこのケースの場合、様々な家庭の事情で息子さんには充分に甘えさせてあげられなかったという話を母親から聞いていたことを思い出し、親の会で学んでいた母親に受容的な姿勢への変化を感じた息子さんの気持ちがこんな風に表れているのかもしれないと考えたのです。

幼少期からの子どもの育ちと家庭の状況を親の話から読み取ることは、原因の追及に必要な情報を得るためではありません。それは育ちなおしに繋がるような子どもの言動の意味を理解することから子どもの願いを読み取る上で大切なことだと考えているからです。

その後、母親は息子さんの足を何ヶ月も揉み続けたそうです。その過程で母親の話を何度も聞きながら私が感じたことは、子どもの気持ちを受けとめようとする母親の力はすごいということと、それを見守ることができる父親の存在は非常に大きいということでした。実際に家庭に助けを求めてきた子どもの想いに適切に応えることができるのは、この子にとってこの親たちしかいないからです。

そして中学三年の夏休みが過ぎたある日、息子さんは脚を揉もうかと言い出した母親に「もういいよ。今までありがとう。もう足を揉むのは卒業だ」と言ってくれたそうです。それは子どもが母親との揺るぎない信頼関係を実感できたからではないかと思います。それから彼は「今までずっと考え続けてきたんだけど自分がしたいことが見えてきたんだ」と言ったそうです。彼が何をしたくて何になりたいと言ったのか、それに触れるのはここでは控えておきますが、それから彼がその目標に向けて懸命に勉強を始め、その願いを達成できたことだけはお伝えしておきたいと思います。

不登校の相談では、子どもが学校に行くようになるまで、あるいは育ちなおすまでどのくらい待ったらいいかとよく聞かれます。しかし正直に言えばその答えは「わからない」というしかありません。確かなことは子どもには育ちなおす力があるということだけで、子どもが自己肯定感を取り戻し、自分なりの生き方を模索し始めるまでの時間は、周囲の理解と環境次第だということです。そのためには、子どもが持つ育ちなおしの力を信じて、子どもが「～して欲しい」「～したい」と言い始めるまで、必ず訪れるその時を秘かに心待ちにしながら子どもの話に耳を傾け、子どもの気持ちを理解する姿勢を貫き、子どもにとって安心な居場所となれる家庭の環境作りに努めて頂きたいのです。「この映画を見たい」でも「このゲームをしてみたい」でもいいのです。「～したい」と言ったときには子どもの気持ちが前に、プラスに動いているときですから、そういう時が訪れたら子どもの「～したい」気持ちを正面から受けとめて、可能な範囲でそれに積極的に応えていくのです。それを「自己決定の尊重」と呼んでいます。

もちろん経済的に見て子どもの要求に応えることが困難なときには、その理由も含んで正直に話をする必要があります。「それは実現してあげたいけれど、今のうちの経済状態では無理なの、だからどうしたら良いか一緒に考えてみてくれない？」と子どもに真正面から向き合って話すのです。可能な範囲でその子の「～したい」に一つ一つ丁寧に応えて自己決定を尊重していくと、子どもはやがて自分の意志で動き出します。自分で学校に戻る子もフリースクールを選ぶ子もおり、専門学校や通信制の高校に行く子もいますし、アルバイトを始める子もいます。それは子どもたちが自分の意志で歩み始める姿です。不安ではあってもそれをできるだけ穏やかな気持ちで見守り、話を聴き続けることが「信じて待つ」ということです。それができるようになるまで寄り添い続けている親たちを、私は三つ目のステージに立っている親たちだと考えています。

くり返しになりますが、この三つのステージに高い低いはありません。どのステージも非常に大事で一つひとつのステージに固有の意味と価値があります。乳児期の次に幼児期がきて、その次に児童期、そして思春期がくるのと同じです。何かを学んで、頭でわかれば心もすぐに変われるというものではないし、とくに心はゆっくりと変わるものだからです。大切なのは親である今の自分の不安や迷いを大変だけれどしっかりと悩めるように、可能な限り親の会に参加して自分のその思いを正直に話すことです。そこで知り合い共感できた仲間の話を聞きながら、自分が納得できたものを親子の関係の中で生かしていく。その積み重ねこそ不登校、ひきこもりの子どもを持つ親と家族に求められていることだと思います。

ですから地域に親の会があることはとても素晴らしいことです。皆さんの住んでいるところにもあります。まだ参加されていない方はぜひそういう親の会に参加して、今の自分の気持ちを語り合いながら一つひとつのステージを、辛く苦しいときもあるけれど焦らず大事に歩んで欲しい。それが子どもに本当に寄り添える親になっていって行く道筋だと考えています。

3. 親と子どもの育ちなおしに学ぶ

(1) 「治す心」は親中心、「ケアの心」は子ども中心

子どもの育ちなおしの支援において最も大切なのは、子どもに対する「ケアの心」です。ケア（care）は英語で関心を持つとか世話をするあるいは介護するという意味で使われる言葉ですが、医学や福祉学、あるいは哲学においては、もっと広く深い意味の言葉として使われています。その意味を一語に凝縮して表現できる日本語がないので、ここではカタカナ表記で「ケア」と書き、それを実践する人の想いを「ケアの心」と表現することにします。

不登校になった子どもへの対応を考えるときに最も大切な言葉はケアだと言いました。そこで最初に考えたいのは私たちが使い慣れている指導、助言や治療という言葉とケアという言葉の意味との本質的な違いです。

不登校のわが子と出会った時に親が先ず思うのは、学校に戻れるように子どもに何とかしてあげたいということでした。これは正直な親の気持ちです。不登校になったわが子についての最初の相談で親たちが質問するのは「学校に戻すにはどうしたらいいですか」です。その背後にある期待は、親から働きかけて学校に戻す方法を知りたいということです。というのは、それまでの経験を振り返れば、子どものことで困ったときは教師や医師に相談して指導や治療を求め、あるいは助言を求めることが中心だったからです。しかもその発想の前提にあるのは、問題は子どもにあり、それを「治す」ことが問題意識の中心だったからだと考えられます。原因や要因・背景がどうあれ、どうしても助言や対処の方法を求め、それを駆使して子どもを変え不登校を治そうとする発想が中心にあるのです。

指導、助言や治療という働きかけは、指導し助言し治療をする人が中心になって自分たちの評価や判断に基づいて行われる対応です。学校での指導や助言は教師が中心になって行う仕事ですし、精神科や心療内科を含む医療における治療や助言は、医師の診断に基づいて医師や看護師が中心となって行う対応です。子どもが不登校になる以前に親として専門家に相談した体験は、ほぼこれらの対応を前提とした相談に限られると言っても過言ではないと思います。

それに加えて日本における教育についての常識は教師が子どもに教えることであり、大人が中心になって子どもに働きかける指導が中心の対応です。そのイメージが強烈ですから子どもが不登校になった当初は、親と子の関係は親主導の助言や励ましが多く、あるいは親が先回りして子どもが行くべき道を指し示す働きかけが中心になり易いのです。不登校に関する相談活動という臨床的体験に基づいて言えることは、善意であってもそのような対応が続けられると、親と子どもの関係は次第にささくれたものになることが多いということです。

一方、不登校の子どもを支援するときに最も大切なケアでは、大人と子ども本人との関係が逆になります。ケアは不安や恐怖の渦中にあって悩み、苦しんでいる子どもに対して、指導、助言や治療という対応とは本質的に違った対応、つまり本人の想いと意思の尊重を中心とする対応になるのです。具体的に言うと、「心の傷」を抱えて苦しみ、家庭に助けを求めて目の前にいるこの子が今何を悩んでいるのか、何が辛いのか、そして何をして欲しいのか、して欲しくないのか、それを知り、尊重することを中心とした対応になるのです。

子どもの想いや意思を知ることなしに苦しんでいる本人に働きかけることは、本人の心を無視して「心の傷」を深める可能性が高く大変危険なことだと考えられているからです。

日本人にとってあまり馴染みがなく、経験も乏しいだけに、子どもに対するケアという発想と対応は決して簡単にできることではないのです。

⑵ ケアすることのむずかしさと大切さ

後期高齢者になった私もこの年になると何時ごろから介護される立場になるのかなど、考えることがあります。介護が必要になったら専門性の高い介護士さんと出会いたいと切実に思っています。自分の両親が受けた介護を見ていた体験からもわかることですが、ケアの専門家である介護士さんはこうしてあげたいとか、これが正しいとかという自分の考えと判断だけに基づいて介護をしたり、助言をしたりすることはありません。介護をする人の考えが一般論として仮に正しいとしても、当事者の立場や想いを無視したときその対応はケアにならず介護にもならないからです。

年を重ねて体が思うように動かず、自分の意思を上手に表現できない場合でも、介護士はその人の思いを何とか聞き取ろうとして、様々な工夫をしています。なかなか話さない場合でも老人の意思や想いを汲み取ってから「じゃあこうしましょうか」と語りかけ、反応を見ながら働きかけていくのです。常に支えられる側の人の意思の確認と尊重が中心の対応が介護の基本だからです。

そして不登校の場合もまた、学校に行きたいのに行けない程に辛い子どもの身になって、本人が何を求めているのか、何が辛くて何が嫌なのかなどを聴き取り、それに共感しつつ応えるように関わることが大切なのです。そうやって信頼関係を築きながら本人と対話を重ねていくのですが、聴いてもらえた、わかってもらえたと感じたときに、子どもの顔に信頼の笑顔が戻ってくるのです。

長崎の親の会で出会った、ある母親がこんな話をしてくれたことがありました。

親の会に相談に行った日から一週間位の間は、家に戻ってからもケアの気持ちが続くのです。でも二週間目位になるとまた元の自分に戻って、自分が気になったことをつい助言のように言ってしまいます。すると中学生の息子さんから「お母さんカウンセラーの所に電話して相談に行ってきて」と言われるという話でした。不登校をしている息子さんは敏感ですから、母親が助言的で指示的な話をするとその変化がすぐにわかるみたいだと話してくれました。遠方の方でしたが、わざわざ市内のフリースペースまでやってきて、一時間ぐらい対話をしているとケアのスイッチが入ると言っていました。ゲームばかりしているがこの子は今何を考えているのか、今どんな気持ちでいるのか。子どもの気持ちへの関心が心の中で立ち上がってきますから、黙って子どもの心に寄りそう気持ちが強くなり、子どもにかける言葉も助言的、指示的な言葉から共感のフレーズと穏やかな疑問文に変わってくるのではないかと、話を聴きながら感じていました。

この例からもわかるように、不登校の子どもを中心にしてケアが成立する前提となるのは信頼関係です。そしてその関係を築いていくには、子どもの言葉と行動の奥にある心に関心を持ってしっかり聴き取っていくことが不可欠です。それは不登校ではなくいじめの被害者の場合であっても同じで、苦しんでいる人との関係づくりにとって最も大切なことです。しかしそれを学んで頭で理解できたつもりでも実践するのは大変です。わかったから今日からやって見ようと思っても、それを続けることは簡単ではありません。心に傷がある子どもは敏感ですから、親のその変化を感じとり、「あっ、お母さんちょっと変わったな」とすぐにわかるようです。苦しさを感じている人はたとえそれが子どもではなく歳を重ねている人でも、感性は敏感になっていますから、傍にいる人の変化を本当によく感じるのだと思います。

長崎県で親の会を三十五年間続けてこられた女性がいます。彼女はご自分の母親に介護が必要になり、それを自ら決意して何年も行っていました。その頃に話してくれた言葉が忘れられません。「もし不登校を考える親の会で親の皆さんの話を聞き、傾聴と受容というケアについて実際に学んでいなかったら、私はきっとイライラして親の介護を続けられていなかったのではないかと思います。認知症がすすみ赤ちゃんみたいになって全然言うことを聞いてくれず、自分のことができてもやらない母に関わってきて思うのは、昔の私だったらイライラして投げ出していたに違いないということです」と話してくれました。そして「母の状態の一つひとつが傍にいる私へのシグナルだと思えたし、何かを伝えたい姿かもしれないとそう思える自分がいました」「長い間、不登校の子どもを持つ親たちとの学び合いに参加し、子どもと親の間のケアの関係をずっと学んできたので、いま母の介護をしながら、母に感謝したい気持ちにさえなれるんです」と語ってくれたのです。

まさに老いた親の介護にも不登校の子どもに関わるその親の姿勢にも、求められるのはケアの心です。相手の年齢にかかわらずケアで何が大切なのかを見ていくと、まさにケアされる方、支えられる方の側に立つということであり、ケアされるその人の言動の奥にある思いを中心にして共感しながら関わる努力をするということです。

その姿勢で関わり続けていると、やがて不登校の子どもの場合も、自分の中で嫌だと感じたことがあれば正直に「ノー」と言ってくれるようになります。それは自分の気持ちの正直な表現であると共にケアする人の反応を試す言葉でもあります。さらにその関係が続き信頼が増していくと次第に「私は～がしたい」と言ってくれるようになります。「～したい」という言葉は要求を表す表現ですし、同時に甘えられる関係かどうかを確かめる言葉でもあります。可能な限りその要求が実現できるように支え続けることがケアにとっては重要となるのです。

そして実際に子どもが動き出したときには、それがたとえどんなに小さな動きや変化であってもその子自身の意思の表れですから、重要な変化だと捉えるのです。「ゲームがしたい」も大事な意思です。「～したい」と言って動き始めたということは主体としての自己が立ち上がる時です。芽生え始めた自己の育ち始めですから、行動とその結果の良し悪しに関わらず、その子の自己が少しずつ育っていって欲しいと願う気持ちで受け入れ、支え続けることが重要になる訳です。

ところが不登校の場合は理屈ではわかっていても、親にとってどうしても許せないという気持ちになるのがゲームと昼夜逆転です。親としての不安と心配の気持ちが子どもの「心の傷」の癒しよりも先に立つからです。「目への影響が心配」「ゲーム依存症になるのが心配」という親としての心配が先にくるわけです。そうすると子どもの「～したい」という気持ちが立ち上がり始めたとしても、それを受け入れることの意味よりも自分の心配の方が先にきて「何時間もしちゃダメよ、十二時までよ！」などと言い、きまりを作って守らせようとするのです、子どもの育ちなおしを支えることよりも、活動を制限して子どもを守りたいという気持ちと自分の不安と心配を減らしたい気持ちに打ち勝てなくなるのです。子どもの「心の傷」を癒やし、育ちなおしを支援する上で非常に大切なのがこの葛藤を越えてケアの心に徹することです。

(3)「わが子」を「一人の人間」として尊重すること

ケアの心を貫くにはありのままの子どもを理解し、そして受け入れ続けることが不可欠だと今まで強調してきました。しかしそれを実行し続ける上で、とても大きなハードルがあることがわかっています。その点を最後にお話ししたいと思います。

それは、目の前でゲームにのめりこんでいるようなわが子の姿を見ていると、「わが子」

は特別に異常なのではと思ってしまう人が非常に多いということです。もちろん目の前にいるのは「わが子」ですが、考えて欲しいのはそれが、「心の傷」を癒しながら自己を取り戻そうとしている「一人の人間」でもあるということです。ところがわが子を「一人の人間」と捉えることは難しく、思わず手を出し口を出したくなります。そこに高いハードルがあるからです。

「わが子」と思う気持ちには「自分の分身」あるいは「逃れられない関係」などという想いが込められています。苦しむわが子の姿を見て、自分の弱さやダメさ、あるいはパートナーの問題点を見せつけられるように感じてイライラするのもそのためであることが多いようです。昼夜逆転をして学校に行かず暴言を吐くわが子を前にしてイラ立ちを感じ、思わず「私の気持ちもわかってよ！」と呟いてしまい、子どもの表情の急変に驚いて反省をする人も決して少なくありません。もしもその子が他人の子どもだったら学んで理解できた「ケアの心」のあり方を重視し、イライラとはまったく別の感じ方をしているハズです。でも「わが子」と思う親の心にはどうしても「このまま見ているのは辛すぎる、この子のためにもならない」とか「どうしてこの気持ちをわかってくれないの」などという介入を合理化したくなる気持ちが湧いてくるといいます。

本章の初めの方（一八四頁）に「二人の子ども」という比較の心理について述べたエリクソンという人を紹介しましたが、彼はまた人間同士の関係について重要な言葉である「役割的関係」と「相互的関係」についても述べています。役割的関係というのは、親子関係や師弟関係のように、それぞれの役割を交替することができない関係であり、相互的関係とは互いに対等で互いの立場が交替可能な関係のことです。

人間関係についてのその二つの視点から考えてみると、「わが子」という思いは親と子という役割的関係を前提にした捉え方なので「親の心配する思いをわからせたい」という気持ちが自然に出てくる関係だと言うことができます。しかしわが子を「一人の人間」という目で見ようとすると相互的関係という対等な関係を意識させてくれるので、比較的冷静に子どもの言動の意味を考えたり、子どもの気持ちになって考えてみるというゆとりを与えてくれると考えられます。

教師と生徒との関係においてもそうですが、ある生徒が辛いことを辛いと言い、嫌なことを嫌だと言えるとき、その時その場にはその生徒の言葉を人間としての当然の気持ちの表現と受け止める相互的な関係が成立しているということができます。しかし教師が役割的な関係のオーラを出しながら生徒を評価し指導しているときには、生徒が辛くても苦しくても「自分の役割」をわきまえて、親や教師を悲しませたり怒らせたりしないように、自分の気持ちを抑制せずにはいられないケースがほとんどなのです。子どもが自分の本音を言葉にしたくても、それを制止する役割的な関係のオーラがその場を支配しているときには、本音を抑制するわが子の心を理解するのが如何に難しいかがわかるのではないでしょうか。

子どもは自分が口にした言葉が受け止められ理解される体験をした場合、症状や行動などで表すしかなかった子どもの「心の傷」は次第に癒やされ、心は和らぎます。そのような関わりを可能にするケアの心を維持するには、わが子であるこの子を「一人の人間」と捉える冷静さが求められます。その冷静さを下支えする最大の保証こそ、お互いを「一人の人間」と認め合う親同士のつながりという体験にあるのではないでしょうか。

⑷ 話しかけてくれたことに価値がある

さて、もしも子どもが「お母さん○○したいんだけど……」と話しかけてきたときには、不登校の子どもを持つ親たちはどのように応じているでしょうか。相談活動を通して私が知る限り、子どもが話しかけてくれたという事実よりも子どもが話した○○の中身に気を取られてしまう親が圧倒的に多いと思います。これも子どもを受け入れることに関するもう一つの大きなハードルです。

ある母親から、「今のお母さんなら、話してもちゃんと聞いてくれるかもしれないと感じたときに、子どもは話しかけてくれるようです」という話を聞きました。「子どもが話しかけてきた時は親が受け入れられている時でもあるんですね」と言っていました。先ほどから何回も親が「子どもを受け止める」とか「受け入れる」と言ってきましたが、しかし、もっと大切なことをこの話は教えてくれています。

それは親が「子どもから受け入れられている」と感じたその母親は、子どもの話の中身とは別に、話しかけてくれた事実の意味に着目しているからです。子どもが、話しかけてくれたという行為そのものと、話してくれた中身という二つの違いをちゃんと区別して理解することが重要だということです。それがわかると「よく母さんに話してくれたね」という気持ちになれるはずです。そうすると子どもの話もじっくりと聞けて、「わかった。話してくれてありがとう」「まず自分の財布と相談して計画を立てなくちゃね」などと、とても柔らかい言葉が口をついて出てくるようになるわけです。そこにケアの心があると私は思いました。「心の傷」を癒す関係が生まれるのです。

行為そのものを受け入れ、内容は真剣に吟味させてもらうという対話ができた事例といえますが、それがわかると次にもう一つ大切なことがあります。それは、内容を吟味し検討した結果を約束した日には必ず正直に伝えるという対応です。たとえば数日後には「お父さんに相談したけど、お金の準備もあるから、次の誕生日あたりまで待ってくれないかな」というように率直に伝えて、その約束を必ず守るのです。それによって要求がちゃんと叶えられたとき、親と子の信頼関係はまた少し深まります。子どもの話の内容がゲームやスマホに関することであっても、この関係の深まりこそがゲームやスマホに対する心配よりも遥かに豊かに子どもの内面の育ちなおしを支えていくと考えられるからです。

もう十分におわかりだと思いますが、親が学ぶことの意味は学校に戻す方法を知ることなどではありません。子どもの話を聴ける親に、あるいは子どもに話してみようと思ってもらえる親に変わるためであり、子どもの育ちなおす力を信頼して待てる親になるためです。子どもだけが変わる訳ではなく、親が変わり親子関係が変わってやがて子どもも変わっていくからです。その変化にいくら時間がかかったとしても、子どもは変化した親子関係に支えられて、やがて「もうそろそろ外に出ようかな」と言いながら、「ちょっと買い物行ってくる」などと言って徐々にしかし確実に自分の意思で外に出ていくようになります。これが不登校の子どもが育ちなおしつつある姿であり、苦しかった不登校を親たちの支えを得ながら克服していく重要な一歩を意味します。

そのために私たちが学んでいることを一言でいえば、それはケアの心を学び子どもを信じて待てる心を学ぶということになると思います。そして同時にケアの心を実践することを心がけ、それを頭の中心に置いて子どもにかかわるのです。私たち自身が評価と指導そして成績と競争が支配する能力主義の教育を受けてきたわけですから、ケアの心を学び身につけるのには時間がかかります。でもできないことではないし、全国の親の会で多くの仲間がそれを体験しています。その事実に確信を持ちやってきていることに自信を持って、子どもに寄り添い、受け止め、支えることのできる親子関係を築いていって欲しいと願っています。

エピローグ

「心の傷」の癒しと育ちなおし

(1)「心の傷」に注目するもう一つの意味

不登校や子どもの自殺が急増する事態を前にして、文科省が公益社団法人「子どもの発達科学研究所」に委託していた不登校の「要因」に関する調査の結果が二〇二四年三月に公表されました。調査の対象は小中学生と高校一年生一万九千五人およびその保護者と教師でしたが、その中で不登校経験があると答えた子どもたち二三九人が、「学校に行きづらい」と感じ始めた「きっかけ要因」について答えた回答のデータ（二五項目の選択肢から複数選択）も紹介されています。

その「きっかけ要因」に関する回答に現れた最大の特徴は、不登校を経験した子どもたちの大多数（七〇％～八〇％）が「心身の不調」を示す項目を選んでいたという事実と、教師たちの中で「心身の不調」に関する項目を選んだのは二〇％にも満たなかったという点にありました。一方で、不登校の子どもを持った保護者たちもまた、子どもたちと同様八〇％弱が「心身の不調」を示す項目を選んでいました。

ちなみにその子どもと保護者たちの大多数が「きっかけ要因」として選んだ「心身の不調」に関わる選択肢は、「不安・抑うつ」、「朝起きられない・夜眠れない」、「体調不良」などという項目でした。ところが教師たちが不登校の「きっかけ要因」として最も多く選んだ選択肢は、「学業の不振」（四一％）と「宿題ができていない」（四〇％）で、「学習に関するつまずき」といえる項目だったのです。

このような回答のズレから考えられることは何でしょうか。それは約四割の教師たちが、一人ひとりの子どもの学習に関するつまずきを長期欠席の原因と考えているということであり、さらに学校に行きたくても行けない子どもの心身の不調を示す姿（シグナル）には気づいていない場合が非常に多いということです。一方で不登校の子どもの親たちは登校できるか否かを気にしながらも、不調を訴えて苦しむ子どもの姿に登校できない直接の原因があると感じていること、そして子どもの心理に関する専門家の調査に対しては、家の中だからこそ表出できる子どもの苦しみの姿を思い出しながら、率直にアンケートに答えていると考えられることです。

この認識のズレに対する反応は、不安や辛さを感じながらも学校に通っている多くの子どもたちの場合にも概ね当てはまっていると考えられます。というのはほぼ毎日顔を合わせている教師に対しても、子どもたちは自分の不安や辛さを語っておらず、学校が度々実施している様々なアンケートにさえ、自分の不安や辛さを書かない場合が多いと思われるからです。

つまり、今日の競争的で管理的な環境の中で子どもたちの多くは幾つもの不安や辛さを抱えて「心身の不調」を感じていますが、それですぐに不登校になるわけではありません。その子どもたちは、葛藤が激しくなって身動きができなくなり不登校状態になるまでの間、「心身の不調」を抱えたまま学校に通っているのです。しかも身体を引きずるようにして行った学校で、表情や仕草あるいはつぶやきなど、何らかのシグナルを出したとしても誰にも受け止めてもらえず、孤立を深めながらかなりの時間を過ごしているケースが少なくないということです。その状態を続けている内に「心身の不調」が深まり、やがて登校しようともがいても身体が拒否反応を示して身動きできなくなるのです。子どもたちの不登校はそのような過程を経て生み出され、増え続けてきたと考えることができるのです。

その意味で文科省が委嘱して調査した不登校経験者たちの想いに関するこのデータは貴重です。そのデータを踏まえつつ、相談の現場で親や子どもたちが語ってくれた話も参考にして考えると、登校したくても登校できなくなった何十万人もの子どもたちの苦悩は、減少する方向に向かっているのではなく、さらに拡がりつつあると捉える必要がありま す。したがって私たちは改めてこのデータが示す子どもたちの苦悩の実態を直視し、それを根拠にした不登校対策の導入を求める必要があると思います。

そこでまず、今回の新しい調査を通して明らかになった子どもたちの「心身の不調」という問題と教師たちの認識とのズレに着目して、それを増え続ける不登校の要因の一つとして考えてみたいと思います。

それは、不登校になった子どもに対して多くの教師が考えている心の問題の捉え方を問うことに他なりません。それは文科省が毎年実施している学校基本調査に端的に現れているのですが、教師たちは不登校のきっかけを「無気力や不安」そして「生活リズムの乱れ、遊び、非行」と捉えており、文科省はそれらの項目を「本人自身に係わる問題」に分類しているこ とです。つまりそれらのきっかけは本人の弱さや甘えあるいは怠けとも言い換え得るもので、ストレスフルな環境の影響による「心身の不調」とは正反対の捉え方になっているのです。他方で「学業の不振」や「友だち関係をめぐる問題」という「学校に係わる問題」への注目度は低く、「教職員に係わる問題」は更に低い注目度になっています。

つまり不登校の子どもの心の問題は、学校のあり方によるよりも、本人の弱さに起因する問題と捉えられてきたことがわかります。やはり不登校を経験している子どもたちの実感とは大きくズレていると考えられるのです。

これらの調査結果からは、教育と子ども理解の専門家であるはずの教師であっても、自ら体験したことのない不登校という心に関する問題は、専門外でもあるために、学ぶことなしには理解することが難しいという当然の結論を見出すことができます。つまり日本の多くの教師たちにとっては、子どもの心とメンタルヘルスについての専門的な知見を自主的に学ぶ機会が得難いほどに多忙であることと、心の専門家との連携が非常に難しいという事情がそのデータに現れていると言えるのです。

文科省は二〇二二年度の不登校が約三十万人であることを公表した時に、そのうちの三八%が相談しない、またはできない未相談の状況にあった事実も明らかにしました。それが意味することについてはプロローグで少し深掘りして検討しましたが、それと並ぶ一層深刻な問題についてはまだ触れていませんでした。その問題とは三八%の未相談者を引いた残りの六二%、つまり十九万人もの子どもたちが、「心身の不調」を訴えて相談したのに不登校にならざるを得なかったという事実です。折角の相談がほとんど生かされなかった訳ですが、それは心の相談が相談になっていないと言わざるを得ない状況を示しています。

具体的に言えば、不登校になり得る程の心身の不調を抱えた子どもが五月雨登校状態になったとき、その親が最初に相談するは主に担任の教師です。しかし先に見たように不登校の直接的なキッカケを巡る教師と子どもとの認識のズレは深刻なものでした。しかも「不登校対策法」（二〇一六年）を提案していた当時から文科省がこだわっていたのは、多様な学びの機会を用意して不登校になりそうな子どもを「個別最適な学びの機会」に導くという、心への配慮を欠いた方針でした。症状や行動として表出される子どもの苦悩を見ている親にとって、子どもの心を無視した教師と学校の対応は、信頼を大きく裏切るものであったとしても不思議ではないのです。

非常にデリケートな心の問題である不登校の場合、相談に行くこと自体が高いハードルを越えることですが、それを越えて親があるいは子どもが相談に来たとき、その最初の機会に信頼関係を築けるか否かが非常に大切だと言われています。つまりその第一ボタンの掛け違いを避けるためにこそ、自立した心の専門家であるＳＣ（スクールカウンセラー）の存在が重要だったはずです。心の問題に関する最初の相談では、教師だけが対応するのではなく、教師とSCがペアで、またはSCだけで話を聴く位の慎重さが必要と考えられているからです。

ところが文科省と教委の方針を見ると、SCは自立した心の専門家としてではなく、教委と学校長の指示の範囲で仕事をするように義務づけられています。そこに見られる子どもの心とSCの専門性の軽視は、いじめ・自殺事件における第三者機関の報告を見てもおわかりのように、増え続ける不登校の場合においても、心の不調を抱えて相談に来た十九万人もの子どもたちが不登校にならざるを得ない事態の背景そのものであり、非常に深刻な状況の結果でもあるということです。

ところで本書では「不登校」という用語をそのまま使いつつ、その定義の在り方についても「不登校は『心の傷』の表れ」という説明を明記すべきだと述べてきました。それは子どもの心の問題への関心を高め、拡めることを進めながら、不登校という用語とその定義をより適切なものへと見直すための世論づくりの契機にしたい、と考えたからでもあります。

第一章でも触れた通り、「心の傷」とは精神医学で言う心的外傷（トラウマ）の一部です。しかし、それは子ども発達科学研究所が、今回の調査結果における「きっかけ要因」についての分析で採用している「心身の不調」という言葉とほぼ同じ意味を持っていると考えています。つまり背景となる「構造的な要因」は社会にも学校にもそして家庭にも多様に存在します。しかし、不登校状態に陥る「直接的原因」あるいは「きっかけ要因」には、不登校を体験した子どもたち自身とその親たちが選んだ「心身の不調」を示す諸項目にあり、それは「心の傷」に他ならないと考えるからです。このような調査結果が示されたこの機会に、子どもの心への関心が教師や保護者はもちろん、社会全体にも拡がることを心から期待せずにはいられません。

⑵「心の傷」の癒しと育ちなおしについて

不登校の子どもにとって「心の傷」の癒しは、投薬や手術によって病気を治療し、痛みがなくなることで元気を回復する医療のイメージとは大きく異なっています。

「心の傷」の癒しには、心に傷を負う過程の痛みとその傷自体によって生ずる苦しみという二重の苦悩の軽減と解消が必要です。そしてそのためには二重の苦悩を抱えた自分の想いに共感し、理解しようとしてくれる他者との出会いが不可欠です。なぜならその他者との出会いと対話を繰り返す中で徐々に苦悩が言語化できるようになるからです。その言語化によって自分の苦悩の意味についての認識が深まり、意識が変わって自分を客観的に考えることができるようになっていくのです。つまり、その意識の変化につれて徐々に軽くなりながらも簡単には消え去ることがない苦悩を抱えたまま、次第に周囲の環境や人々への関心が拡がり、外出や登校など日常的な生活や活動ができるようになっていくのですが、それこそが「心の傷」の癒しであり、育ちなおしの過程と呼んでいることなのです。

では、学校に生きたくても行けない子どもが苦悩の中で出会う信頼できる他者とはどんな人でしょうか。不登校の相談を通してわかるのは、多くのケースでそれが親、とくに母親だということです。第三章で触れたように、過去の子育てや親子関係がどうであったとしても、苦しみもがくわが子の今の姿を前にして、親であるが故の不安と苦しみを抱えながら、相談と対話を通して学んでくれる親の存在です。私自身の相談体験から言えることは、親は不安や苦しみを共有できる仲間を得て語り合い、自分自身を振り返り反省しながら子どもをケアできる存在に変わってくれる人だと言うことができます。

その変化の過程で親はまず、「子どものため」という言葉で自分自身を納得させながら、わが子に対する干渉や先回りをしてきた自分に気づきます。自分中心に陥りがちなその気持ちを抑制して、子どもの話を最後まで聴き取れるようになるのは決して簡単なことではありませんが、やがて親は話を聴き取ることの大切さに気づき、自分の感情を制御するコツを身につけて、子どもにとっての重要な他者になっていくのです。

そうしてわが家が安心して呼吸ができる居場所になると、「心の傷」を抱えた子どもの関心が外にも向き始め、同じような想いを抱えた子ども同士との出会いを求めて、仲間という他者を求めるようになるケースが少なくありません。いずれにせよ他者との出会いによる共感と相互理解を通して孤立感から解放され、子どもは徐々に社会的な活動に参加するように変わっていくのです。

そこで最後にもう一度具体的な相談事例を通して、子どもが心に傷を負って不登校になってから育ちなおしに向かうまでの癒しの道筋について考えてみたいと思います。

その相談は親の会に参加した一人の母親との出会いから始まりました。不登校をしていたのは小学校五年生のT君です。その小学校を設置していた市の教育委員会は当時「不登校ゼロ」を目標に掲げて不登校問題に取り組んでいました。五年生の一学期の連休明けごろから腹痛を訴えて登校できなくなったT君は、登校を勧める母親に激しい言葉で反抗するとともに、三歳年下の弟に暴言と暴力を振るうようになりました。

T君に何が起きたかわからず思い悩んだ母親が相談したのはまず担任の教師でしたが、その教師は多動傾向が目につくT君には発達障害があるのではないかと考えていたらしく、母親に発達検査を受けさせるように勧めたそうです。しかしそれ以前には発達検査の勧めなど一度もなかったのですから、母親はその勧めについても納得できず悩みはさらに深くなっていきました。わが子の不登校だけでも不安な母親に対して発達障害を匂わせた担任の言葉は、「不登校ゼロ」の目標達成のために子どもが今のクラスから排除される前触れではないか、という疑念を母親に抱かせるキッカケにもなっていたようでした。

また母親の話によれば、元々子煩悩でT君をとてもかわいがっていた父親は、T君が不登校になる二年位前から過重な労働環境の中で体調を崩し、心も病み始めて、酒に酔うと母親に暴言を吐くだけでなく時には手を挙げるようになっていたそうです。子どもに不登校の苦しみを背負わせたのは、子どもたちに面前DVを見せてしまった自分自身の責任だと母親は思い悩んでいました。そして母親は、発達検査の件と併せてT君にこれ以上のストレスを加えないために別居や離婚も想定していると胸の内を語り、それらの問題をどのように考えていったら良いか相談したいと申し出てくれました。そこで親の会への参加とともに個別の相談にも応じることにしたのです。

かなり遠方から一～二ヶ月に一回程度、小柄な身体で親の会と個別相談に通い、さらに弁護士との相談も始めたということでしたが、その母親は次第に冷静さを取り戻し、落ち着いて考えを整理することができるようになって行きました。つまり自分の考えを言葉にして一つひとつ整理しながら、それぞれの課題に丁寧に取り組んでいることが私にも見えるようになってきたのです。その証拠に子どもたちの甘えや話を決して否定せずに受け入れる姿勢が、言葉の端々から感じられるようになってきたのです。

そして、やがて始めるべき母子三人の新しい生活に向けて仕事を探し始めた母親は、T君には発達検査を受けさせないことを担任に伝え、本人が納得した場合はいわゆる適応指導教室（以下、指導教室）で受け入れて貰いたいと学校に申し入れたそうです。指導教室の話を聴いて少し不安な様子を見せていたT君には、指導教室に遊びに行き支援員と会うことを勧めてみてもらったのですが、運良く支援員とはとても波長が合ったらしく通うことを受け入れてくれたということでした。

ここまでの展開には一年近い時間が必要でしたが、その間に母親という最も信頼できる他者との受容的な関係が深まり始めた上に、安心して話ができる支援員という他者との信頼関係ができ、さらに似通った不安を抱える数名の友だち（仲間）とも出会うことができたのです。これらの支えを得たT君は、父親との別居による母子三人の生活と、一～二ヶ月に一度の父子交流という新しい生活が始まっても、大きく乱れることも立ち止まることもなく指導教室に通い続けて、小学校を卒業することができたのです。

中学校に進んでからも時々、T君は指導教室の支援員のもとを訪れて話を聴いて貰っていたようです。というのは母親もまた「Tが中学校を卒業するまでは」と言いながら親の会に通って学び続け、子どもたちの様子を伝え続けてくれたのです。T君が五年生の時から中学卒業までですから、この母親は五年近くもの間「子どもため」というより自分自身のために親の会に通い、学び続けてくれたのだと思います。不登校の子どもを持つ親にとって、親の会は単なる便利な利用の対象なのではありません。そこが親にとっての居場所のような存在になったとき、変化し続ける親子関係の中にあっても子どもの育ちなおしを信じて待ち続けるための、自助的な支え合いの場になっていると考えられるのです。

既に社会人となり家庭を築いているT君のことについてはこれ以上は触れませんが、この事例を通して気づかされた教訓が幾つかありました。その第一の問題は、不登校に対する学校の認識が極めて形式的でマニュアル的であり指導的だと感じられたことです。それは発達検査という担任の一言で傷つき、学校に不信を感じた母親の反応からもわかるように、T君の心もまた多動により授業を混乱させる「問題児」という眼差しに傷つけられていた可能性が考えられたからです。当時のT君にとっては家庭でも辛い時があったと思いますが、学校もまた楽しいところではなく、幸せな（ウェルビーイングな）時間を過ごせる場ではなかったと思われるのです。母親は家庭の問題に気づきその改善に奔走しました。しかし学校はこのケースから何を教訓として学んだのか、知りたいところです。

気づかされた第二の問題は、不登校の場合その初期段階での適切な支援が如何に重要かということでした。とはいえこのケースの場合、初期段階の支援は学校や教師が行ったのではなく、母親が迷いを抱えながらも自力で親の会を探し、そこで自助努力をし合う仲間や相談員と出会い、子どもも経験を積んだ支援員たちと繋がれた典型的なケースだったということができます。そのためにT君は「心の傷」をあまり深めることもなく、母親との関係に守られ、学校と家庭以外に見つけた居場所でケア的対応が可能な支援員にも支えられた上に、辛さに共感できる仲間と繋がることができたのです。

そして第三の問題は、親に対する支援の重要性ということです。特に混乱と落ち込みの激しい初期段階にはその支援が極めて重要です。というのはその親が最初に相談に向かうのはほとんど場合担任の教師ですから、もしも教師に「心の傷」とそのケアの重要性についての知識があれば、あるいは養護教諭やＳＣあるいはＳＳＷというケアについての知識がある専門家と連携して対応することができていたら、ということも考えずにはいられないのです。その上で改めて強調したいのは、子どもの「心の傷」を癒す上での親の存在と役割の大きさです。不登校の支援を考えるとき、子どもの「心の傷」への理解と支援はもちろん重要ですが、子どもと毎日触れ合う親への支援がそれとともに極めて重要であることをこの事例は示しているということです。

不登校は子どもの「心の傷」の表れです。ほとんどのケースで初期対応にあたる学校は、この点をしっかりと理解し重視して子どもの苦悩の理解に務めるべきです。同時にケアにあたる支援員は、その子どもに関わる人たちとの関係を考慮して、育ちなおしの課題を考えられる専門家であってこそ、不登校への支援は支援としての意味を持つことができるようになると私は考えています。

様々な場所で不登校問題に関わっておられる皆さんにとって、この本が少しでもお役に立てればと願っています。

終わりにあたって

本書の出版は、最近の数年間、相談会などで出会う度に「先生、次の本はいつ出されるのですか」と尋ねて下さり、背中を押し続けてくれた不登校の子どもを持つ親たちの声に励まされて実現したものです。

また、ただでさえ遅筆な上に歳を重ねて集中力が低下した私を、奥村礼子さんはじめ清風堂の皆さんが本当に辛抱強く待ち続け、励まして下さいました。その支えなしには本書は書き続けられず、生まれなかったと言っても過言ではありません。

そして、講演と相談の会から帰宅するといつも「疲れた」と言い、原稿を書いているのか寝ているのかわからない私をずっと傍で見続け、書き終えるまで支えてくれたのは妻の広木澄子です。そのお陰でこの本は生まれました。

皆さまへの心からの感謝と御礼の言葉をここに記して、私の気持ちをお伝えしたいと思います。皆さま、本当にありがとうございました。

二〇二四年一一月

広木克行

※各地の親の会に関する情報をお知りになりたい方は、著者も参加している『登校拒否・不登校問題全国連絡会』のホームページにアクセスし、各地の『交流会ご案内』のページから探してください。

※なお、本書に紹介した事例はすべて個人情報にあたりますので、それぞれの事例の趣旨を変えない範囲で手を加えてあります。ご了解ください。

〈参考文献〉

石坂　啓　『学校に行かなければ死なずにすんだ子ども』幻冬舎
安　克昌『心の傷を癒すということ』角川ソフィア文庫
松本俊彦　「不登校はときに必要です―精神科医が語る子どもの今―」「不登校新聞」2022年2月15日号
傳田健三　『子どものうつ　心の叫び』講談社
高垣忠一郎　『登校拒否・不登校をめぐって―発達の危機、その治療と教育―』　青木書店
東洋経済 education × ICT 編集部「小児神経専門医が警鐘、問題生む『不登校＝起立性障害』という誤解」東洋経済 2022年9月4日号
二神能基　『暴力は親に向かう』新潮文庫
古荘純一・磯崎祐介　『教育虐待・教育ネグレクト―日本の教育システムと親が抱える問題―』光文社新書
おおたとしまさ　『なぜ中学受験するのか？』光文社新書
佐伯　胖　『「学ぶ」ということの意味』岩波書店
市川　力　『英語を子どもに教えるな』中公新書ラクレ
岡本夏木　『子どもとことば』岩波新書
〃　『小学生になる前後（新版）』岩波書店
サリバン　『現代精神医学の概念』みすず書房
西平　直　『エリクソンの人間学』東京大学出版会
河合雅雄　『子どもと自然』岩波新書
岩竹美加子　『フィンランドの教育はなぜ世界一なのか』新潮新書
リッカ・パッカラ　『フィンランドの教育力―なぜPISAで世界一になったのか―』学研新書
広木克行・不登校の子を持つ親たち　『ありのままでいいんだよ』北水
ぶどうの会　『不登校、親こそ最大の支援者』ぶどうの会
志水宏吉　『二極化する学校―公立校の「格差」に向き合う―』亜紀書房
小国喜弘　『戦後教育史―貧困・校内暴力・いじめから、不登校・発達障害まで―』中公新書

著者　広　木　克　行（ひろき　かつゆき）

経歴　1945年、樺太生まれ、東京都立大学卒。東京大学大学院博士課程単位取得。専門は教育行政学・臨床教育学。長崎総合科学大学教授、神戸大学教授、大阪千代田短期大学教授・学長を経て、現在神戸大学名誉教授。東京、長崎、兵庫など各地の不登校・登校拒否を考える親の会相談員。

著書　『子どもは「育ちなおし」の名人！―見えますか、子どものシグナル』（清風堂書店）『21世紀を生きる君へ』『子どもは紫の露草』『子どもが教えてくれたこと』『子育ては素敵なこと』『子どものシグナル見えますか』『学び合って子育て』『保育に愛と科学を』『人が育つ条件』『見直しチャンスはいくらでもある』（共著）（以上　北水）『手をつなぐ子育て』（かもがわ出版）

装丁　上中デザイン事務所

子どもは「育ちなおし」の名人！2
不登校の「心の傷」が癒えるとは

2025年1月30日　初版　第1刷発行

著　書　広　木　克　行
発行者　面　屋　　　洋
発行所　清　風　堂　書　店
〒530-0057　大阪市北区曽根崎2-11-16
TEL　06-6316-1460
FAX　06-6314-1600
振替　00920-6-119910

制作編集担当・奥村礼子

印刷／製本・モリモト印刷株式会社
ⓒKatsuyuki Hiroki 2025. Printed in Japan
ISBN978-4-86709-040-4 C0037